惊人的早起术

[日] 塚本亮 著
吴梦迪 译

浙江摄影出版社
全国百佳图书出版单位

浙 江 省 版 权 局
著作权合同登记章
图字：11-2022-377

责任编辑：瞿昌林
特约编辑：周晓晗 王 瑶
责任校对：高余朵
责任印制：汪立峰

图书在版编目（CIP）数据

惊人的早起术 / (日)塚本亮著；吴梦迪译. -- 杭州：浙江摄影出版社, 2022.11 (2023.7重印)
ISBN 978-7-5514-4230-5

Ⅰ. ①惊… Ⅱ. ①塚… ②吴… Ⅲ. ①时间－管理－通俗读物 Ⅳ. ①C935-49

中国版本图书馆CIP数据核字(2022)第204494号

JINGREN DE ZAOQI SHU

惊人的早起术

［日］塚本亮 / 著　　吴梦迪 / 译

全国百佳图书出版单位
浙江摄影出版社出版发行
地址：杭州市体育场路347号
邮编：310006
网址：http://photo.zjcb.com
印刷：天津联城印刷有限公司
开本：880mm×1230mm　1/32
字数：92千
印张：5.5
2022年11月第1版　　2023年7月第2次印刷
ISBN 978-7-5514-4230-5
定价：55.00元

前言

在我感觉自己事事不如人时，我的人生迎来了转机

每个人都有人生的转折点。对我而言，这个转折点始于高二时的早起。

我从小学开始就不太会学习，因此，学习成绩一直很差。在高一的学习能力测试中，我也只拿到了30多的偏差值[1]。在这种情况下，考大学对我而言基本上是痴心妄想。

但出人意料的是，我原本充满自卑的人生，却因为早起发生了翻天覆地的变化。

1　偏差值是指相对平均值的偏差数值，是日本对于学生学习能力的一项计算公式值。偏差值 =50 + 10 ×（个人成绩 – 平均值）/ 标准差。偏差值越高成绩越好，反之则越差。

到底是什么样的契机促使我开始早起的呢?

坦白来讲，是因为一件丢脸的事。这件事的突然发生，让我彻底告别了浑浑噩噩的日子。

刚上高中时，我的学习成绩不好，体育也不行，是一个只知道打架斗殴的问题少年。

有一天课间玩耍时，因为一点小摩擦，我又和同学打架了。但就在我以为自己已经占了上风即将赢得胜利时，对方突然挣扎着从裤子口袋里掏出什么东西，对准我的脸一阵猛烈地喷射。瞬间，灼烧般的疼痛感席卷了我。

我立刻松开抓着他的手，捂着脸蹲了下来。我听到围观的同学也尖叫了起来。老师闻讯赶到后把我们都送到了学校医务室。后来我才从校医的口中了解到，对方向我喷射的是催泪喷雾，那一场打架殃及了几十个无辜的同学。

之后，学校给我下了处分——停课两周，居家反省。

意识到不能再这样下去了，在无聊与焦虑中，我决定做点什么

在家反省的那段时间，无论做什么我都觉得无聊，慢慢

地，我变得越来越焦虑。

突然有一天，一个前所未有的想法冒了出来——看书。我在家里找了一番，发现都是爸爸妈妈的书，除了课本，没有一本是我的书。于是，我决定出门买书。

但是学校要求居家反省期间，如果我想出门，必须由父母陪同。那天，爸爸妈妈一回到家，我就马上让他们带我去了书店。

面对书店里琳琅满目的书籍，我认真地浏览封面、图书海报，还时不时拿起一本书翻阅，最后经过仔细挑选，我买了几本自己感兴趣的并对我之后的人生有所帮助的书。

当时的我，可能在心里的某个角落已经意识到"不能再这样下去了"。

在家里看书的时候，那些书中的一字一句都触动着 16 岁的我那颗迷茫的心，并且慢慢改变了我对任何事情都抱着悲观消极态度的思维方式。

随着我读的书越来越多，"想改变自己"的想法就越强烈。于是，我迈出了改变命运的关键一步——早起。

停课处分解除后，我开始认真学习，成绩也一点一点地提高。那时候，我下定决心要再起早一点学习。

“学渣”到“学霸”的逆袭

早起学习的效果立竿见影。

晚上大脑容易疲劳，比起在大脑疲劳时硬往里塞知识，不如趁早晨大脑清醒的时候学习，这时记忆知识会更容易，也更顺利。

对我而言，早晨5分钟的价值相当于晚上1小时。

那时候为了考大学，我晚上犯着困揉着双眼看参考书，但无论看多少遍都收效甚微。早晨却完全相反，5分钟就可以看十几页，最关键的是看一遍就能理解其中的内容，头脑异常清醒，能吸收更多的新知识。

自从发现早起学习的惊人效果之后，我就逐渐开始养成早起的习惯，考前复习也都在早上完成。后来，我的考试成绩突飞猛进，完成了从“学渣”到“学霸”的逆袭。

早起的效果越发明显，我变得更加自信，也更享受早起的时光，学习也更加起劲了。

最后，我的偏差值提升了近30，并成功考上了同志社大学[1]。毕业后，我又考取了剑桥大学的研究生。如果没有充分利用早晨的时间，我就不会有现在这样的成就。

有效利用早晨的时间，让每天都变得无比快乐

从剑桥大学毕业后，我回到日本开始创业——开办了一家英语培训学校。我给参加培训的学生提出的第一个建议就是养成“晨型学习习惯”，其中尤属早起最为关键。早起带来的学习效果非常明显，培训学校共有 200 多名学生和社会人士如愿考上了海外的大学。

早晨是独属于自己的时间，不会被任何人打扰。在这段时间内做想做的事，会让人感觉无比充实。

不过，要合理安排自己的时间，而不是被时间追着跑。只要能有效地利用早晨的时间，工作和生活都会变得顺利。

希望大家可以掌握生活的主动权，每天都积极向上，而

1 同志社大学，由明治六大教育家之一新岛襄创立于 1875 年，是一所位于日本京都府的顶尖私立大学。同志社大学的入学难度居西日本地区私立大学首位，同时也是公认的西日本地区四大名校之首。

不是被迫往前赶。这也是我写本书的初衷。

本书将基于我在剑桥大学学到的心理学知识，并结合众多成功案例，为大家介绍早起的秘诀以及如何有效利用早晨的时间。

第 1 章介绍早起的惊人效果；第 2 章结合心理学的知识讲述有助于早起的心理法则和方法；第 3 章分享帮助你轻松起床的早起“助推器”；第 4 章和第 5 章则介绍了一些简单易懂的、能最大限度激发大脑潜能的高效早晨利用法，以及有助于提升日常状态的生活习惯。

读过本书之后，你一定会萌生早起的想法。你的生活也会因此发生翻天覆地的变化。接下来，让我们一起迎接清爽、充实的早晨！成为一个早起成功者，收获快乐的人生。

目 录

第1章 人生出现转机 早起的惊人效果

第2章

瞬间清醒，期待早起

有助于早起的心理法则和方法

第3章 轻松起床

帮你立刻开启早起模式的“助推器”

第4章

最大程度激发大脑潜能

精神高度集中——高效早晨利用法

第5章 生活规律，状态饱满
成为高效能人士的生活习惯

第 1 章

人生出现转机

早起的惊人效果

1 早晨 5 点起床，让大脑高效运转

早晨的大脑最清醒

通常早上学习或工作比晚上更有效率。只要是早起的人，都对此深有体会。

很多脑科学相关的书中都有介绍，**早晨起床后的两三个小时是大脑的“黄金时间”**。因为睡眠期间，大脑会进行休整，所以早晨醒来后，大脑就像一支休整良好、物资充足的部队一样，“整装待发”迎接新一天的挑战。

这时，即便读有点难度的书，也能很快理解其内容。同时，还会不断涌现新想法。因为此时的大脑处于全速运转的

早晨是大脑的黄金时间

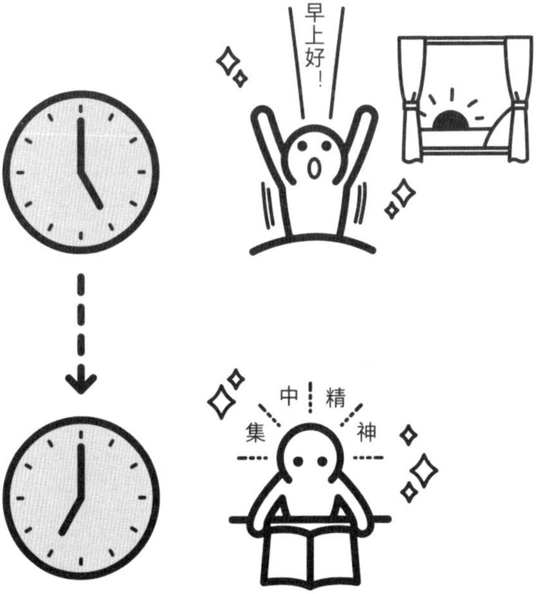

Check

精神高度集中，
学习和工作都非常顺利！

状态，处理信息的速度非常快。

自从体会过早起的好处后，我就开始更加积极地早起，在早晨优先完成需要集中精神的学习或工作。

高二时，我才体会到早起的惊人效果

现在的我已经习惯早起，能有效地利用早晨的时间。

但是，**在刚上高中的时候，我却过着完全相反的生活。因为讨厌早起，甚至还退出了需要晨练的足球社团。**“能多睡一分钟就多睡一分钟，只要不迟到就行”，抱着这样的想法，我每天上学都紧赶慢赶，日子过得兵荒马乱。

在高一的全国模考中，我的偏差值非常低，只有 30 多。自那之后，我便一直觉得自己是个“学渣”，也接受了这一现实，认为自己反正也考不上大学，开始自暴自弃。

这样的我，在升入高二之后的某一天，第一次体会到了早起的惊人效果。当时因为受到了学校的处分，我在家反省。利用这个机会，我重新审视了自己的生活方式，最终开始尝试早起。

开始早起后，我的心态突然变得积极向上，一度自暴自弃的我甚至开始愿意花时间认真思考自己的未来和今后的规划。为了备战考试，我正式开始有计划地早起。

◎决定考大学后，我开始熬夜学习

开始认真学习后，我的成绩稳步提升。在步入高三的那个春天[1]，我决定认真备考大学。

在那之前，我从没有认真学习过，因此学习基础非常差，高中参考书中的很多内容都看不懂，我不得不从初中的参考书开始看起，重新学习。有些科目，我甚至买了小学生读的参考书来复习。

在这种情况下，想考入公立大学，怎么看都是不现实的。要说能考上的大学，就只能是仅需考 3 个科目的私立大学。而对我而言，想追上其他考生的学习进度，不是从零开始，而是从负数开始。我要是按照正常流程来学习，时间上肯定是来不及的。

进入高三后，我开始上校外的培训班。但仅仅消化吸收

1　日本一般采取 3 个学期制度，每年 4 月开学，第二年的 3 月结束。

课上的内容就已经耗费了我所有的精力，别说预习，连复习的时间都没有。

所有的科目都得重新开始，这是一件非常困难的事情。即便制订了学习计划，也无法按计划进行。看参考书的速度也非常慢，完全无法理解书上的内容，学习一个单元所需的时间往往是别人的两倍。

晚上 8 点左右坐到书桌前开始学习，等察觉过来已经是半夜，但解出来的题目却寥寥无几。我每天晚上都努力打起一万分精神想好好学习，但就是不行。真的不知道该学什么、怎么学了。

规划自己的时间

意识到这样下去不行，于是我决定早起，多挤出点学习的时间。

开始早起前，**为了把握自己的计划，我先在竖式的周计划手账上，填入了各个时间段要做的事情。**

早上到傍晚，要去学校上学。放学后，要去培训班上课。那么，什么时候复习在培训班所学的内容呢？这么一回顾，我才发现自己完全没有安排复习的时间。这就导致虽然学习

为了能够更有效地利用早晨的时间

Check

利用早晨的时间复习,
成功让大脑记住新知识!

了很多新的知识，但转眼就忘了。

要将学到的知识真正为自己所用，复习是关键。

学完之后最好马上复习，尽量不要等到周末的时候一次性复习。根据艾宾浩斯的遗忘曲线，当我们学了一个新知识暂时记住之后，很快就开始遗忘。随着时间的推移，20 分钟后会遗忘 42%，1 天后会遗忘 66%。

要充分掌握所学的知识并形成长期记忆，关键是缩小学习和复习之间的时间差。为了增加复习的时间，我思来想去，只有早晨的时间了。于是，我便开始了早起。

早起让学习变得异常顺利

我想早晨学习 2 小时，因此决定 5 点钟起床。

第一天，我困到眼睛都睁不开。我揉着眼睛，硬着头皮坐到了书桌前。但是不可思议的是，打开参考书后，我的大脑一下子就清醒了。注意力十分集中，最初的半小时眨眼间就过去了。

通过实践，早起的学习效果不用多说。参考书上的内容很轻松就看进去并理解了，我自己都感到惊讶。难度稍大的问题，我也会尝试着解决，而不是直接放弃。

一开始，早晨的时间都是用来复习的。后来，除了复习，我渐渐开始学习新的内容。

比如现代文和古文的阅读理解，以及英语的长难句问题等，都是需要集中注意力来攻克的内容。掌握了这些内容之后，我的学习成绩得到了飞速的提升。

备考剑桥大学研究生院的时候也是一样。我一般都会选择在早晨写英语小论文或解决一些难度比较高的问题。

现在，每次遇到需要集中注意力来解决的任务时，我都会利用早晨的时间集中处理。这本书也是在早晨写的。早晨大脑会涌现很多灵感，效率非常高。

2 相信自己，只要行动就能成功

摆脱事倍功半的窘境

早起带给我的不只是学习效率的提升。

事实上，早起带给我更多的是自信。按照自己所规划的那样度过早晨的时间，让我变得更加自信。

自信往往源自采取行动后得到的成果。一旦得到的成果和自己所期待的目标达成一致，人就会变得自信。

过去的我则截然相反。即便采取了行动，也得不到相应的成果，经常事倍功半，于是渐渐丧失了自信。

采取行动后，就会变得自信

✖ 如果每天都睡懒觉……

○ 如果早起……

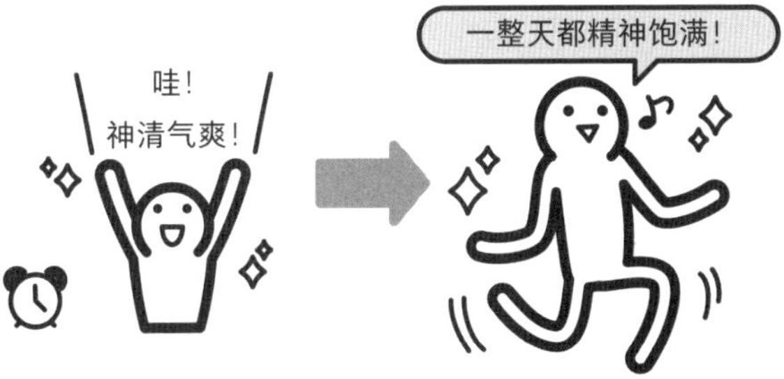

Check

早起让人变得自信！

上小学时，我奔波在各个培训班之间，但成绩就是上不去，父母对我也失望至极。当时我内心充满了这样的想法——“反正无论做什么都不被看好”“再怎么努力也不可能做好”。

这在心理学上叫作“习得性无助[1]”，会让当事人陷入无力的状态。我曾经一度深陷于这种心理状态——没有一丝学习的欲望，每天都充满挫败感。

人一旦失去“可以控制自己”的感觉，就会失去自信。**要想获得自信，就必须多做一些感觉“可以控制自己”的事情。**

早起就是最适合用来培养这种感觉的事情。为了每天能早点起床，我会有目的性地去管理时间，比如调节睡觉时间或休息时间等。这样一来，每天不得不应付各种琐事，被琐事牵着鼻子走的状况就能得到彻底的改善。

通过管理时间，获得“一天尽在掌控之中”的感觉后，“可以控制自己”的感觉就会觉醒。长此以往，生活不再失

1 由美国心理学家马丁·塞利格曼 (Martin Seligman) 于 1967 年提出。“习得性无助”是指个体经历某种学习后，在面临不可控情境时形成无论怎样努力也无法改变事情结果的消极认知，继而导致放弃努力的一种心理状态。

控，一切都变得有条不紊，强大的自信心就建立起来了。

曾经的我不仅没有自信，甚至一直处于自卑的状态。总是否定自己，觉得自己无论做什么都做不好。但自从决定5点起床，并付诸行动后，我的心态变成了“只要做就能成功”。这让我的学习态度由消极转变为积极主动。

如果对自己的印象一直停留在“学渣”的状态，偏差值只能一直是30这样的低水平，那么我可能就会因为一些小事情而受挫，彻底放弃学习。

但是，随着“只要做就能成功”的经验越来越多，我萌生了“只要努力，也许就可以考上大学”的想法。这个想法支撑着我走到了最后。

自信蕴含着无穷的力量。尝试早起，你就可以立即体会到早起带来的自信的强大力量。

3 提高动力就能轻松达成目标

什么时候做，决定了成果的走向

想在工作或学习中得到理想的成果，就必须明确“做什么（What）”“怎么做（How）”“为什么做（Why）”“在哪里做（Where）”以及“和谁一起做（Who）”。除此之外，“什么时候做（When）”也很重要。

于我而言，在晚上学习，学习效果和学习成绩可以说是丝毫不见提高。**但是，仅仅将学习的时间从晚上变为早晨，成果就立马显现出来了。**

晚上努力，学习效果大打折扣

Check

早晨容易产生“一定能行”这样积极向上的心态，工作和学习更有动力！

简单来说，就是一直在晚上学习，不仅得不到好的学习效果，反而还会影响学习动力。

我就是无法在晚上学习的典型代表。为什么呢?

因为回家吃过晚饭后，血糖值会上升。血糖值上升后，人就会生理性地犯困。而且，一天快要结束的时候，大脑已经处于疲惫不堪的状态了，学习或思考新的知识非常困难。如果强行唤起疲惫的大脑，往里塞各种信息，大脑并不会安然接受。这时即便强迫自己学习，也得不到好的效果。

在大脑停滞的状态下，强迫自己必须做一些事，大脑就会感觉到压力，降低“自我效能感[1]”，从而导致动力急剧下降。

自我效能感是指“对自己的期待感”，即觉得自己“应该可以做到”的感觉。当认为所有事情都在自己的掌控之中时，我们就会产生这样的感觉。因此，**当自我效能感下降时，动力也会随之下降**。如此一来，便陷入了恶性循环。

1　由美国著名心理学家阿尔伯特・班杜拉（Albert Bandura）于20世纪70年代在其著作《思想和行为的社会基础：社会认知论》（*Social Foundations of Thought and Action:A Social Cognitive Theory*）中提出。班杜拉对自我效能感的定义是“人们对自身能否利用所拥有的技能去完成某项工作的自信程度”。

◎ 提高动力，创造良性循环

比起晚上，相同的任务在早晨完成更能产生“竟然这么顺利”“今天状态还不错”的感觉。如果能以美妙的心情开启新的一天，那么这一整天就能动力满满，可谓无往不利。

我帮助过很多人达成他们的目标，在这个过程中，我发现习惯早晨学习的人，取得成果的概率明显更高。

早起有助于提高动力，让工作或学习状态进入良性循环。

如何有效度过早晨的时间至关重要，这将决定一个人一整天的状态以及所做事情的走向。如果你有想完成的重要任务，或决定马上要做的重要事情，请务必放在早晨进行。

4 打造“高效能体质”

早起是专治“没有时间”的“特效药”

“太忙了，没有自己的时间。”

“考资格证要延后了。”

“想去健身房，但没时间。”

……

每个人或多或少都有这种“没有时间”的烦恼。解决这个烦恼最行之有效的方法就是早起。

开始早起后，你对时间的认知以及管理时间的能力都会

时间规划让你脱胎换骨

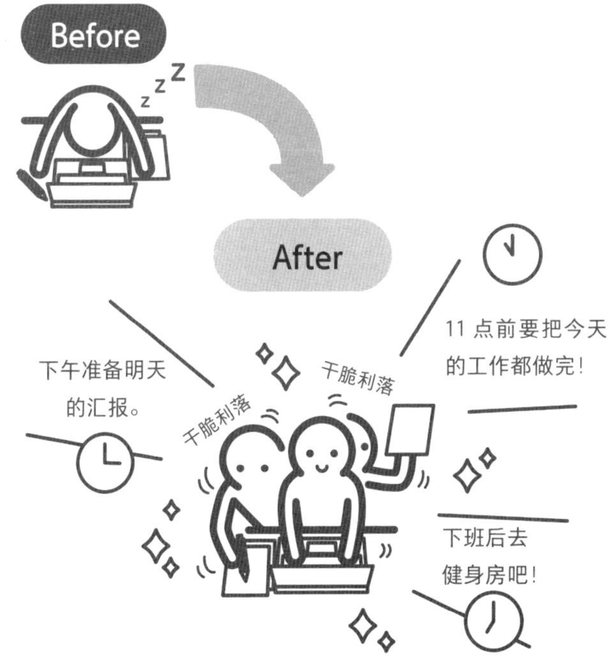

Check

头脑清醒，干劲满满，
成就最好的自己。

有飞速的提升。

早晨人不仅头脑清醒，思考问题也最为全面、理智，并且有深度。不管是看书、学习，还是工作，效率都高得惊人。在我的培训学校，所有尝试过早起的人都在早起后提高了做事效率，并从中受益。那要如何养成早起的习惯呢？

我的学生N君是一名大学生，他曾经是个不折不扣的夜猫子。用他自己的话说，就是“我比较适合在晚上生活”。

但是，当他尝试过一次早起之后，就喜欢上了早起。

“我一直觉得自己是夜猫子，但早上的大脑确实要比晚上清醒很多啊！”

N君决定早起的契机是他需要准备英语的等级考试。“皇天不负有心人”，他在英语等级考试中取得了非常好的成绩，实现了自己一直以来的愿望。据说之后他依旧坚持早起，利用早晨的时间做自己想做的事情。

总是熬夜的人入睡时间往往不固定，但是因为要上学或上班等，起床时间一般都是固定的。因此，他们的睡眠总是不规律。睡眠时间不够，情绪和状态都会变差，影响白天的表现。

如果你觉得自己也是这样的，那么我希望你尝试一下早起。

早起并不意味着要削减睡眠时间。相反，是在保证充足的睡眠时长的前提下早起。比如，需要睡 8 小时的人如果要 5 点起床，那晚上 9 点就必须上床睡觉。**像这样，明确入睡时间也有助于早起。**

因为明确了入睡时间后，会下意识地思考怎么做才能在晚上 9 点睡觉。这样一来，自然而然地就会想有效地利用时间。最终，原本因为拖拖拉拉而被荒废的时间就能转化为有效的时间。

将早晨的时间利用起来后，虽然一天的时间“总量”不会发生变化，但时间的“质量”会得到极大的提升。都说早晨的 30 分钟胜过晚上的 2 小时，这就是很多优秀的企业高层管理者早起的原因吧！

5 每天都能过得充实又快乐

有效利用早晨的时间，一整天的安排都会改变

每天都能过得很充实，这正是早起最大的好处。

没有人想一辈子都被工作追着跑。但是实际上，很多人都过着这样的生活——因为过于疲劳困顿，晚上回家后倒头就睡；早晨又匆匆忙忙地开启新的一天。

尽管内心焦急地想着必须有所改变，但又不知道具体该怎么做，只是一味地焦虑。

摆脱这种窘境最简单的方法就是早起。

出门上班或上学前的时间是一天中质量最高的时间。如

早起让每天的生活变得更美好

比如……

Check

工作和生活形成良性循环，
有时间享受人生。

果你有一直想做却还没开始做的事情，请务必要在这个时间段内尝试。只要一想到这是由自己主导开启的新的一天，整个人就会充满活力。

在英国作家阿诺德·本涅特（Arnold Bennett）的《悠游度过一天的 24 小时》（*How to Live on Twenty-Four Hours a Day*）中有这样一句话："早晨醒来，你会惊讶地发现自己的钱包里竟然塞满了全新的 24 个小时。"

时间对谁都是平等的。如何使用时间却会使人生大不相同。

◎ 体会到打开新视角的快乐

最近，我早晨开始打高尔夫球了。其实，很久之前就有人约我去打高尔夫球。那时，我早晨的时间规划已成为一种定式，不可能再分出多余的时间去打球。

但是，回顾过往，我想起曾经因为在早晨开始新的活动，其他事情也跟着有所好转。

于是，我决定每周去一次高尔夫球场。每一次练习，我都能感觉到自己有微小的进步，练习结束后，总是感觉神清气爽。

就像这样，涉足自己日常活动以外的世界，可以拥有新的收获。

在日本，早晨来练习打高尔夫球的大多是老年人，他们的技术比我好很多。刚开始，我每次都会竭尽全力，想把球打得远一点，结果总是把球打得四处乱飞。

但是，通过观察周围的人的打法，我发现他们总是轻轻一挥，就能把球打往自己预设的方向。

仔细想来，用尽全力奋力一击，虽然可以在一瞬间爆发全部力量，但同时也会导致漏洞百出——既耗费体力，也无法提高技术，更无法长期坚持下去。

相反，不要太过用力，放轻松，也许视野会更开阔，更利于稳步地前行。最终，采用这种做法反而能更快地到达目的地。

过去的我推进一件事情的时候，总会追求一气呵成。对于这样的我而言，获得一个看待事物的新视角是非常大的收获。

◎只要掌握早起的诀窍，所有人都能早起

早起之后挑战全新的事物，有助于了解更多未知的新世界。用早晨起床后的 1 ～ 2 小时做自己想做的事情，可以满足自己的求知欲和好奇心，让每天都过得充实又快乐。

早起是让一天变得更好的最佳方法。请务必尝试一下。

那么，要如何养成早起的习惯呢？接下来，我会给出具体的建议和方法。

“我多次尝试早起，但均以失败告终了。”——有不少人是这样的吧。别担心，我会在后面的章节中介绍一些简单的方法，帮助你轻松实现早起。

只要掌握了诀窍，无论是谁都能轻松早起。本书还会介绍一些基于心理学的方法，请继续耐心地往下读吧！

第2章

瞬间清醒，期待早起

有助于早起的心理法则和方法

1 能早起的人和不能早起的人之间的差别

越是觉得早起痛苦，就越起不来

习惯早起的人和不习惯早起的人有什么不同呢？

其实差别很小。**仅仅是会不会觉得“虽然很痛苦，但必须早起”而已。**

能早起的人主动想早起，而不能早起的人则会觉得“虽然很痛苦，但必须早起”。这两种不同的心态会体现在行动上。

还没养成习惯时，会想通过毅力早起。但**越是像这样试图通过毅力起床，就越会陷入“虽然很痛苦，但必须早起”**

20____早起打卡表

	1	2	3	4	5	6	7	8	9	10	11	12	13	14	15	16	17	18	19	20	21	22	23	24	25	26	27	28	29	30	31
___月																															
___月																															
___月																															
___月																															
___月																															
___月																															
___月																															
___月																															
___月																															
___月																															
___月																															
___月																															

使用说明

让起床时间可视化，更好地实现早起。

1. 制定早起目标时间。
2. 在对应日期的格子中涂色。按目标时间起床涂红色；目标时间之后起床涂黑色。

■ ___:___起床　　■ ___:___之后起床

过多的压力会导致动力下降

的状态。

比如，很多人会在纸上写下“每天早晨 5 点起床”，然后贴在墙上，或不停地对自己说：“要早点起床学习英语啊！”“一定要为资格证考试做准备啊！”

在养成早起的习惯之前，还是避免这样的做法吧。因为你越是刻意地努力早起，就越会联想到早起的痛苦，最终爬不起来。这么做，反而会降低你的动力。

将心态从“虽然很痛苦，但必须早起”逐步过渡到“想早起”，才是早起的捷径。

4 个小秘诀让所有人都想早起

我开办的培训学校主要针对想去海外留学的人。因为他们平时都非常忙碌，所以大部分人都会利用早晨的时间来学习。

每当遇到有早起困难的学生，我就会向他介绍“不痛苦早起法”，也就是不用努力也能早起的方法。

前文也提过，**只要减少“必须早起”的意识，早起的概率就会变高。**

我遇到过很多曾经多次尝试早起，但均以失败告终的人。当他们在减少“必须早起”的意识后，几乎都能成功早起。因此，请你也务必尝试一下接下来要介绍的方法，挑战早起。

有助于早起的 4 个小秘诀：

· **追求快乐。**

· **不要和自己抗争。**

· **提高睡眠质量。**

· **在早晨安排令人期待的事情。**

早起困难与轻松早起的区别

✖ 给自己施加压力

○ 不给自己施加压力

Check

不刻意强调“必须早起”
反而有助于早起。

早起后，要做自己想做的事情，而不是不想做的事情。

以“追求快乐”为原则，创造一个“早起会开心”的环境。只需这样，早起就会变得非常简单。

只要按照正确的方法来做，任何人都能轻松早起。

2 不和自己抗争有助于早起

睡眠质量不好，该怎么办

阻碍早起的因素有很多，睡眠质量不好是其中之一。明明已经睡醒了，疲劳却没有得到缓解，必须和“想继续睡觉”的内心抗争一番后才能起来。在这种情况下，早起是非常痛苦的。

睡眠质量不好的原因有很多。比如，去参加聚会回来晚了；因为摄入过多酒精影响了睡眠质量；用手机看视频看到停不下来，导致睡不着……

事实上，接触诱惑物的次数越多，入睡的时间就会越晚，或者睡眠的质量就越低，从而导致早起越加困难。

减少接触诱惑物的次数

2017年，加拿大卡尔顿大学的玛丽娜·米利亚夫斯卡娅（Marina Milyavskaya）教授和多伦多大学的迈克尔·因兹利奇（Michael Inzlicht）教授针对159名大学生进行了一项研究，该研究结果表明，目标达成率和接触诱惑物的次数呈反比。

接触诱惑物次数少的人最容易达成目标。因此，要想达成目标，只需尽可能地减少接触诱惑物的次数。

也就是说，只要规避阻碍优质睡眠的诱惑物，就会比较容易成功早起。

但是，千万不要为了抵抗住诱惑而强行控制自己，因为这样会严重消耗你的动力。

比如，为了减肥而选择不吃眼前的蛋糕，其实就是在压抑自己想吃的欲望。这时，心中的烦躁会逐渐增多，从而降低减肥的动力，让你无法达成减肥的目的。

消除阻碍早起的因素

你该做的是给自己创造一个不需要刻意控制自己的环境。具体来讲，就是要先明确阻碍目的实现的诱惑物是什么，然后再通过规避这些诱惑物实现早起。

明确阻碍早起的因素

假设你为了获得职业技能资格证需要早起学习。购买教材、确定早起时间、制订学习计划，这些你都已经完成了。那么接下来，只要规避诱惑物，就能保证万无一失了。

事先告知周围的人，在完成资格证考试之前，不会参加任何聚会，也不失为一个好方法。如果没有人邀请你，你内心就不会产生“好想去啊”“不，不行”这样无谓的纠结，学习和早起的动力自然也就不会下降。

为了成功早起，请先问自己两个问题：

- **你觉得什么因素会阻碍你培养早起的习惯？**
- **影响你睡眠的诱惑物是什么？**

找到明确的答案后，采取恰当的措施即可。

减少喝酒和远离手机是重中之重

要想获得优质的睡眠，一定要采取两个措施。那就是减少喝酒和远离手机。

如果你每次决定早起或者开始学习前都要做出不喝酒、不看手机的决定，心中就会一直有所牵挂，导致动力下降。

因此，请防患于未然，不要让自己面临必须做选择的境况。

以减少喝酒为例，我采取的方法是不整箱或整扎购买。

从经济实惠的角度来讲，整箱或整扎购买时，酒的单价确实会便宜一点。但要是想培养早起的习惯，囤酒的弊端真的非常大。

当你减肥时，看上去很诱人的面包出现在视线范围内，你会忍不住想吃吧。

同理，如果你在家里囤了酒，就会忍不住想再喝一瓶，最终付诸行动，导致饮酒过多。这样看来，决定不囤货或减少囤货相当重要。只买当天要喝的量，这样就不会受到诱惑喝多了。

如今这个社会，手机早已成为我们生活中必不可少的一部分。但正因如此，**远离手机才是重中之重。**

我会在手机上设置“睡觉时间”作为提醒，比我自己真正的入睡时间早至少 30 分钟，通常我会在提醒闹铃响起之前放下手机，并且睡觉的时候不把手机带进卧室。

一般情况下，我会把充电器放在客厅，将手机放在客厅充电。这样一来，就不会被手机的灯光或声音打扰，睡眠质量自然也能得到提高。不仅如此，还可以避免玩手机玩到睡不着觉的情况。

无论是多么微不足道的事情，但凡需要做决定就会给大脑增添负担。

因此，防患于未然就显得尤为重要。要从一开始就采取有效的措施，规避所有诱惑物，不给自己产生动摇的机会。

3 有助于培养早起习惯的7个方法

关键词是动机、睡眠和节奏

轻松早起的第一步是尽可能地减少“虽然很痛苦，但必须早起”的意识。只要做到这一点，任何人几乎都能毫不费力地实现早起。

之后，只要每天坚持，就可以让早起成为一种习惯。

需要注意的是，一旦中途松懈，固定的生活节奏就会瞬间土崩瓦解。

要想养成早起的习惯，可以在生活方式上设置一定的规则。这样早起的生活也会进展得比较顺利。

其实，早起生活有 3 个关键词：动机、睡眠和节奏。

本章接下来的内容将围绕这 3 个关键词，介绍一些具体的早起方法，帮助你整理杂乱的生活，养成早起的习惯。

方法①

动机：追求快乐

列出早起想做的事情

早起的秘诀是认为早起是一件快乐的事情。越是习惯早起的人，就越不会将早起当作自己的目的。早起不过是实现理想生活的一个手段而已。

首先要有早起的目的，比如想晨跑，所以要早起。这样就能满怀期待地起床了。另外，**目的的设定也是有讲究的。**我们的行动一般都基于“追求快乐”或“逃避不快”。**设定目的时，要基于追求快乐，而非逃避不快。这样才能提高动力**。

对你而言，快乐的事情有哪些呢？一定要把想到的都列出来。下面我列举一些例子，以供参考。

· 想慢跑。

· 想读刚买的书。

· 想学习新的英语教材。

· 想进一步提升理解英语长难句的能力。

……

任何能让你充满期待的事情都可以当作早起的目的。

顺带一提，我早起的目的是写稿。因此，每天早晨写稿子的时候，我都非常开心。

选择什么样的词语才能让读者感觉“这个方法不错，尝试一下吧”，我很享受这样逐字逐句斟酌推敲的过程。在这个过程中，我仿佛在和各位读者沟通交流一样，非常有意思。

早晨我文思泉涌，这种状态十分宝贵。我时常觉得如果不早起，不仅会浪费时间，也会浪费这种兴奋的写作状态。

那么，对你而言，快乐的事情是什么呢？

如果早晨有令人期盼的事情，自然就会想早起。只要形成这样的心理状态，早起就会变得非常顺利。

让早起变得快乐的秘诀

目的的设定有讲究。

追求快乐

想慢跑，
所以要早起！

逃避不快

不跑步就会发胖，
所以要早起……

方法②

睡眠：提高睡眠质量

◎ 掌握 4 个要点

优质的睡眠是早晨心情愉悦的关键。美美地睡上一觉之后，心情会变得前所未有地愉悦。

要想拥有优质的睡眠，如何度过晚上的时间尤为重要，特别是睡前的那一段时间。

在我看来，睡眠不是一天的结束，而是第二天的开始。**为了第二天能迎来一个完美的清晨，要更加重视度过晚上的方式。**

想更好地度过晚上的时间，需要掌握以下 4 个要点。

- **了解褪黑素和睡眠的关系。**
- **不要在临睡前洗澡。**
- **注意晚餐的用餐时间。**
- **控制咖啡因和酒精的摄入。**

首先，我们需要了解一下褪黑素和睡眠的关系。

褪黑素可以促进睡眠。褪黑素是一种能调节生物钟的激素，多分泌于夜间。如果一直沐浴在强烈的光照之下，就会导致生物钟的功能发生紊乱，从而抑制褪黑素的分泌，最终导致睡眠质量差等令人头疼的问题。

为了让人体正常分泌褪黑素，尽量在睡前将房间的灯光调暗，不要处于明亮的光照下。最好连手机和电视机的光也能避免。特别是远离手机，一定要重视起来。如果手机放在床的旁边，但凡有一点睡不着时，就总会忍不住想打开手机再看看，最终陷入“睡不着看手机—看手机导致睡眠不足”的恶性循环。

如前文所述，为了远离手机，我不会将手机带入卧室。因为当大脑即将进入休息模式时，如果接收到了新的刺激，就会无法安稳地进入睡眠状态。从这个意义上来讲，创造一个看不了手机的环境非常重要。

言归正传。到了晚上，褪黑素的分泌量增多，会帮助人体降低核心温度，促进睡眠。人一犯困，手指和脚底就会变得暖和。这是人体为了降低核心温度在进行散热，因此人体的表层温度就会升高，出现手脚发热的现象。

从这层意义上来讲，**应尽量避免临睡前洗澡。**洗完澡后，睡意会随着体温的升高而慢慢减少。因此，尽量不要在临睡

制造可以促进睡眠的良性循环

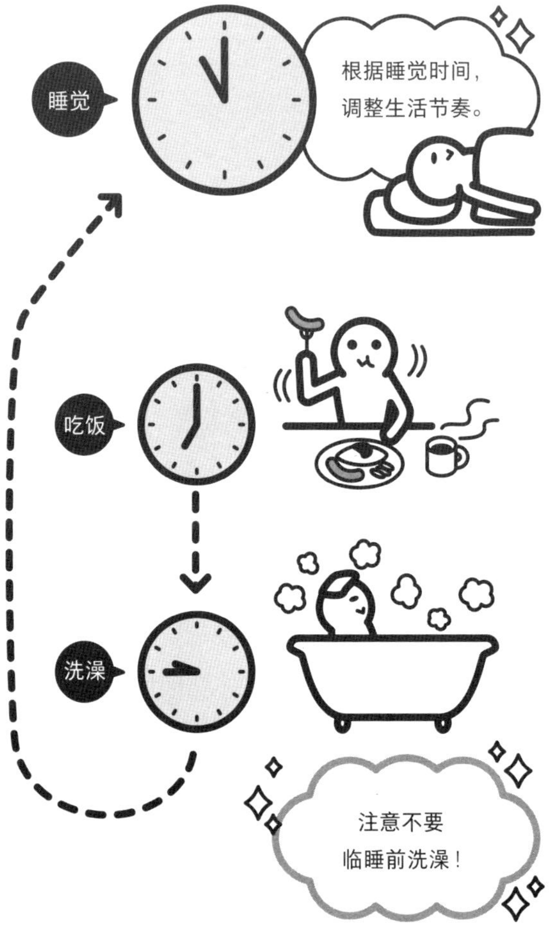

前洗澡。洗完澡后，等身体的表层温度下降后，再上床睡觉。

打造入睡环境、提前洗澡、远离手机等，都是避免妨碍褪黑素发挥作用，有利于睡眠的小诀窍。

另一个要点是晚餐时间。用完餐后，人体会分泌具有催眠效果的瘦素[1]，胖素[2]分泌减少，觉醒维持能力减弱，使人容易犯困。而且，此时血液会涌向肠胃，大脑因此处于缺血状态。如果此时直接睡觉，身体和大脑都无法得到休息。最终导致无论睡多久，都难以从疲惫中恢复过来。

无论多忙，我都会在晚上 8 点前用完晚餐。如果之后实在饿得不行，会吃一点易于消化的蔬菜。习惯之后，即便晚餐吃得少一些，也不会感觉肚子饿。

有时候，你可能因为工作或学习要忙到很晚，但还是要尽可能地将晚餐时间往前调整。

傍晚之后，就不要再摄入具有提神醒脑功效的咖啡因饮品了。睡觉之前，也尽量不要喝酒。摄入酒精后，容易心跳加快，导致呼吸紊乱。除此之外，还会增加起夜的次数，甚至出现脱水症状。

要想睡得香甜，醒得干脆，就必须注意不要在晚上给自己的肠胃增添过多的负担。

1　一种由脂肪组织分泌的抑制进食并加速新陈代谢的激素。

2　下丘脑外侧区神经元表达的、具有促进摄食作用的神经肽。

方法③

睡眠：写睡眠笔记

◎ 把明天要做的事情写出来

几乎所有人都有想睡却睡不着的时候。明明身体很疲劳，大脑却无法进入睡眠模式。出现这种情况，往往是因为思虑过多。

我们的大脑储存着各种各样的事情。有时候，它会突然变得异常兴奋，意识更加清醒，妨碍睡眠。

为了防止出现这种情况，可以在睡前将大脑中的东西全部“搬出来”，我把这种方法叫作“写睡眠笔记”。

写法有很多，只要在睡前写就可以了。我把这种方法推荐给了培训学校里的很多学生，他们在实践后给了我许多积极的反馈。

具体来讲，就是在睡前 5 分钟把明天要做的事情写出来。2017 年，美国贝勒大学迈克尔·斯卡林（Michael Scullin）博士的团队通过研究证实了这种做法的效果。

重点不是回顾今天发生的事情，而是将明天要做的事情一一列出来。贝勒大学和埃默里大学对 57 名成年人展开了研究，结果发现睡前列出“明天要做之事”的人，比列出“今天做了什么”的人能更快地入睡。

大家应该听说过立陶宛心理学家布尔玛·蔡格尼克（Bluma Zeigarnik）提出的“蔡格尼克记忆效应”吧。蔡格尼克效应是指人对于尚未完成的事情或中断的事情的印象，比对已完成的事情的印象更深。

也就是说，**比起已经做过的事情，尚未完成的事情更容易在大脑内留下深刻的印象。**

如果是写今天做了什么，那势必会想起今天没有做或者没有完成的事情。一旦开始想尚未完成的事情，这些事情就会一直萦绕在脑海中，让人更加睡不着。

但列出明天要做的事情，则是为心有挂念的状态打上休止符。虽然都会想到未完成的事情，但心理状态是完全不同的。这样一来，就可以避免半夜醒来睡不着的情况了。

当你躺在床上开始思考事情或睡不着的时候，就起床写一下睡眠笔记吧。试着将明天要做的事情一一列出来。这样，

避免睡不着的秘诀

写睡眠笔记吧！

将明天要做的事情或
焦躁、不安等负面情绪
都一一列出来。

你的大脑会变得异常轻松，就能舒舒服服地进入梦乡。

将负面情绪写出来，让人神清气爽

情绪和思虑一样，会妨碍睡眠。一味压制的感情会在不经意间，像幽灵一样突然出现影响睡眠。

2017 年，东伦敦大学的乔西·E. 马林诺斯基（Josie E. Malinowski）博士在其发表的论文中提出，比起正面情绪，压抑负面情绪更容易影响睡眠，让人滋生不安。

睡前将白天接收到的所有负面情绪都吐露出来，可以有效地改善睡眠状况。将负面情绪事无巨细地写出来，效果更佳。比如：

“明天的产品介绍让我感到很不安。成败关系到客户是否会与我们公司合作。如果失败了，该怎么办呢？总是忍不住将还未发生的事情往不好的方面想。”

“今天犯错了，惹得部长勃然大怒。不知道明天他会不会消气？”

“项目一开始进展得很顺利，但总感觉哪里不对劲。具体哪里不对劲，又说不出个所以然来，好焦躁啊！”

就像这样，把负面的情绪全都写出来，内心就会不可思议地平静下来。不仅如此，一直盘旋在脑海中的烦恼也会消失不见。有时候，还会在写下负面情绪的瞬间，厘清思路，找到解决问题的最佳方案。

方法④

节奏：将睡眠时长写在手账上

◎ 放任不管，睡眠时长只会越来越短

要想早起生活过得好，确保睡眠时长很重要。如果没有做到有意识地确保睡眠时长，睡眠时长只会越来越短。

我会把睡眠时长写入手账。

每天几点睡、几点起，简单记录即可。另外，请尽可能将这个时间段固定下来。这样，身体就会自然而然地记住入睡时间，到点了就能快速入眠，形成良好的睡眠习惯。

要想在白天发挥最佳状态，优质的睡眠必不可少。哪怕是为了不拖拖拉拉地浪费时间，也最好把睡眠时间写入手账。

手账一般是用来规划日程，记录待办事项的。如果把睡眠时间等私人时间也记录进去，你就可以确保更高效地利用自己的时间。因此，请务必尝试一下。

我从考上大学那会儿开始就一直使用竖式的周计划手账来管理日程，备考剑桥大学的时候也是如此。

现在，我依旧使用竖式的周计划手账来管理睡眠时间。

月计划手账只能把握每个月的大致安排，很难精确到细致的时间划分。而只要打开周计划手账，就能确认一周的时间安排，更方便管理时间。

优质的睡眠可以促进身体、精神和情感的恢复，让你能量满满地迎接早晨的到来，可以说是最好的自我投资。

方法⑤

节奏：确定起床时间

保持稳定的生物钟

最佳的睡眠时长是多少呢？有人认为是 8 小时、9 小时，也有人认为睡眠的周期是 90 分钟，因此只要睡够 90 的倍数即可，比如 360 分钟（6 小时）、450 分钟（7.5 小时）。由此看来，最佳的睡眠时间其实是因人而异的，并没有一个固定的答案。

我基本上一天固定睡 6 小时。最近一直是晚上 11 点 30 分睡，早晨 5 点 30 分起。我的身体已经记住了这个生物钟，每天一到 5 点 30 分，我就会自然醒。

你听说过昼夜节律吗？也就是前文提到的生物钟。我们一般早晨起床，白天活动，晚上睡觉，以 24 小时为周期生活着。这个周期就叫作“昼夜节律”。

一天的节律是固定的，每天照射到阳光时，就会重置。如果生活一直不规律，这个节律就会被打乱，不仅影响睡眠，还会影响工作与学习。

比如，一旦决定睡 6 小时，就不能赖床贪睡。起床的时间最好也固定。只有这样，每天的睡眠模式固定下来之后，身体才会按照这个模式修复自己。

另外，大脑的思考能力也会在睡眠中恢复。一般认为，睡眠时间不足 6 小时可能会妨碍思考能力的恢复。因此，以 6 小时为底线，找到最适合自己的睡眠时长即可。

◎ 在梦中被叫醒是可以的

闹钟响的时候，还在做梦……你是否有过这样的体验呢？这经常发生在快速眼动睡眠期，也就是浅睡阶段。被叫醒时，如果正处于这个睡眠阶段，完全清醒的可能性非常高。

相反，当你睡得很熟、连梦都不做时，你就处于非快速眼动睡眠期。这是一种深度睡眠的状态，此时，大脑在休息，身体也会分泌生长激素。**如果被叫醒时，你正处于非快速眼动睡眠的状态，那么你就需要调整起床的时间或睡觉的时间。**

比如，你决定晚上 11 点 30 分睡，早晨 6 点起。坚持三天后，如果还是感觉太痛苦，就需要稍微调整一下了。

重要的是确定起床时间，然后根据起床时间调整入睡时间。

想在一开始就找到最佳的入睡时间是有些困难的。一定要先确定起床时间，不要总是变动，然后再慢慢摸索最适合自己的入睡时间。

方法⑥

节奏：节假日也在相同的时间起床

○ 可以晚起 1 小时左右

放假的时候，你也许会觉得时间非常充裕，总是想多睡一会儿。**但是放假的时候，也尽量在同一时间段起床吧。**否则，生物钟会紊乱，影响之后的起床时间。

比如，平时早晨 6 点起床的人，突然 10 点起床，身体就会开始倒时差，导致周一的早晨很痛苦。这样一来，一周的开始就停滞了。因此，即便是节假日，起床的时间也要尽量避免和平时的起床时间相差太多。

话虽这么说，但有时候真的想多睡一会儿，缓解一下工作的疲劳。**按照我的经验，晚起 1 小时左右基本没有问题。**

那些听从了我的建议后取得不错成就的人，无一例外，周末的睡眠和起床时间都与工作日的时间基本保持一致。

此外，还要注意补觉。有些人明明能早起，但不知道为什么，周一和周二总是无法集中注意力，白天的工作效率非常低下。

这种情况大多是由周末的补觉引起的。有关睡眠的研究发现，**补觉根本无法缓解疲劳，尤其是对慢性疲劳而言。慢性疲劳是一种大脑疲劳，无法通过睡眠消除。相比于补觉，早起和规律的睡眠更能缓解慢性疲劳。**

我们的身体会维持一定的节奏。只要确定好起床时间，不轻易改变生活模式，规律地生活，大脑和身体就能保持稳定，从而良好且高效地运转。

方法⑦

节奏：养成令人快乐的晨间习惯

◎ 尝试自己喜欢的事情

早起的人都有一个特征，就是每天早晨都有必做之事。

将星巴克发展成为全球咖啡连锁店的霍华德·舒尔茨（Howard Schultz），每天早晨 4 点 30 分起床后，都会先泡一杯香醇的咖啡，以此开启全新的一天。

“无论身处世界的哪个角落，我每天早晨都会 5 点起床。起床后，或运动，或与家人们一起度过早晨的时光。这样，在开始工作前，自己就会处于一个良好的状态。”这是维珍集团的首席执行官理查德·布兰森（Richard Branson）先生分享的自己的早起状态。

他们起床后，都没有直接投入工作，而是先做一些自己喜欢的事情，给自己的精神加满“油”。也就是说，要有意识地设定一个令自己开心且期待的晨间习惯。

我早晨起床后，也不会直接投入工作。每天睡前，我都会提前决定明天早晨要喝阿萨姆红茶还是伯爵红茶。因为喜欢的红茶只能在这个时间段内喝。喝茶是一件非常简单的事情，但因为自己喜欢，所以能够让我每天都充满期待地醒来。

你知道美国心理学家伯尔赫斯·弗雷德里克·斯金纳（Burrhus Frederic Skinner）提出的“操作条件作用说”吗？

操作条件作用说是通过观察动物在斯金纳发明的实验装置中的操作行为而提出的。他将小白鼠放入一个按下开关就会投放食物的箱子中，然后反复地按开关，给小白鼠灌输按下开关就可以吃到食物的印象。最后，经过若干次的强化，这种条件反应就形成了，小白鼠学会了按开关。

如果一个操作发生后，紧接着给予一个强化刺激，那么其强度就会增加。也就是说，**如果可以得到报酬，就会自发地采取行动。即使这个理论否认了意识是客观世界的反映，但在一定程度上也可以应用到我们自己身上。**

晨间习惯就相当于报酬。设定了令人开心期待的晨间习惯后，就能积极地开启新的一天了。

如果喜欢巧克力，可以在早起之后吃一块新买的巧克力，细细品味。或者，也可以看一会儿自己喜欢的明星的宣传视频等。

对于爱狗人士而言，早晨在公园里和宠物狗玩耍的时间也是非常不错的“报酬”。

能让你感觉到幸福的晨间习惯，或是能让你的精神得到满足的晨间习惯是什么呢？不妨仔细想一想。可以说，令人快乐并期待的晨间习惯是能坚持早起的关键。

决定起床后做的第一件事

Check

如果有让人感觉幸福的晨间习惯，
起床就不再困难！

第3章

轻松起床

帮你立刻开启早起模式的“助推器”

能让人瞬间起床的有效方法

开启轻松早起模式

上一章强调了要减少“必须早起”的意识，并介绍了很多轻松早起的秘诀。

这一章要**更进一步介绍一些轻松早起的具体方法，让你从心态上发生转变，变得想早起。**

这就是“早起助推器”，即通过有效的推动作用，一定程度上影响我们的心理，以达到促进行动的方法。

实施本章介绍的“早起助推器”后，心态自然而然就会转变为想早起，从而实现快速起床。

这样开启早起模式

重点在于动用感情，而非理智。

也就是说，要想早起，必须由衷地想这么做。

将“早起助推器”融入日常生活，就会在不知不觉中变得想早起。很快，不用太过刻意就能早起了。

接下来要介绍的“早起助推器”已经有很多人尝试过，其效果也得到了证实。

你也一定要试一试实施“早起助推器”，愉快地醒来，将早晨的时间都用来做自己喜欢做的事情。接下来看一下具体怎么操作吧！

助推器①

准备喜欢的饮品

瞬间充满能量

这是可以变得想早起的最行之有效的方法之一。

为了拥有美好的心情，我每天早晨都会喝最喜欢的红茶。这虽然是一件小事，但**“想喝”的念头占据了上风，让我能瞬间从床上爬起来。**

在剑桥大学读书时，每次重要的考试之前，我必会喝喜欢的红茶，给自己加油打气。

红茶的芳香可以让人放松身心。身心放松了，自然而然就会想努力，并且迅速展开行动。身体会记住这一系列良性循环，我只要闻到自己最喜欢的红茶的香味，就可以立马进入学习状态。

现在，我每天早晨依旧会喝喜欢的红茶。但每天都喝相同的口味会腻，因此我经常变换口味，今天喝伯爵，明天喝阿萨姆，有时也会喝大吉岭。根据当天的心情选择红茶，品味茶香和滋味。之后，大脑会像突然开启了开关一样，让我

卓有成效的“早起助推器”

准备喜欢的饮品；

制作早起日历；

确定起床后的行为；

睡前制订明天的目标；

尝试新事物；

睡前拉伸……

Check

发自内心地
越来越想早起。

非常专注地投入工作。红茶、咖啡等饮品的香味比较浓郁，会通过鼻腔给大脑带来刺激。这类饮品能更容易地开启大脑。当然，你也可以选择其他饮品。重点是选择你发自内心喜欢的东西。

对你而言，能开启内心开关的饮品或食物是什么呢？

每个人肯定都有这样的东西。试着将它找出来吧！

助推器②

制作早起日历

记录有助于增加干劲

一旦决定早起，就请制作一个专用的日历，将做到的日子涂抹掉。不只是早起，我一旦决定做一件事情，都会准备一个小台历，将已实施的日子涂抹掉。

比如，决定“每天做 30 次腹肌练习”后，就会准备专用的台历。每天完成任务后，就用笔将这一天涂抹掉。这样，自己的努力就被“可视化”了。

将台历放在显眼的位置，这样每次看到被涂抹得越来越满的台历，心里就会感到开心，想继续坚持下去。

记录这种行为虽然微小，却可以衍生出强大的动力。

随着涂抹掉的区域越来越大，你可以非常直观地感受到“原来自己坚持了这么久啊”，并从中获得满足感。

同时，一整片相同的颜色中如果出现了空缺，看着就会很不舒服，因此为了避免出现这样的情况，你会告诫自己不要再偷懒了。每天涂抹一格日历的快感真的会让人上瘾。

这种行为虽然微不足道，但日积月累，也会成为你早起的动力。

◎ 不要依靠记忆，认真记录才更可靠

美国认知心理学家伊丽莎白·洛夫图斯（Elizabeth Loftus）的 TED 演讲《记忆的虚构》（*Our Changeable Memories: Legal and Practical Implications*）非常有名。她在实验中，给两组人员看了事故现场的照片。

给第一组的人看时，她用了“相撞”来描述。而给第二组的人看时，她则用了“剧烈相撞”。结果，获得“剧烈相撞”信息的第二组，在描述事故的时候，不仅说出了车速比较快，甚至还说玻璃窗碎了。

但实际上，玻璃窗根本没有破裂。可见我们会无意识地将记忆篡改成自己心中所想的样子。

“记忆本身是虚构的。”比起记忆，还是记录更可靠。

明明在努力地坚持早起，却因为偶尔几次没能起来，就觉得自己不行。你是否有过这样的经历呢？你有没有正视自己为了早起而付出的努力呢？

记录每天的努力，让自己看到这些努力，有利于提升自我效能感，让自己明白原来自己是可以做到的。这样一来，全身就会充满“马上做”的动力。

现在开始，准备一份台历，认真记录自己的努力吧。

助推器③

确定起床后的行为

固定的行为模式有利于形成早起节奏

养成习惯意味着不需要选择。也就是说不用思考，身体就会自主地这么做。早晨的行为固定成一种模式后，起床后的一系列行为都会自动成为一天的流程。

现在，我每天 5 点 30 分起床。起床后打开窗帘和窗户，发一会儿呆。开窗是为了呼吸新鲜空气。之后再洗澡，喝喜欢的红茶。这个习惯是绝对不会改变的。

6 点开始写作或看书。到了 7 点 30 分左右，我会去散步或健身，休息一下。

就像这样，起床大约 2 小时后，稍微活动一下身体也是我的晨间习惯之一。

运动后，氧气会运行至全身，让大脑清醒过来。与此同时，体内还会分泌被称为“幸福激素”的血清素，提高晚上的睡眠质量。因此，运动的习惯也是不会轻易发生改变的。

运动结束后，我会直接去咖啡馆。通常，我会选择一个客人不怎么多的地方。

我有几家比较喜欢的咖啡馆。对我而言，它们也属于“常规”的模式。当我想集中精神，做一些诸如写作之类的事情时，有一个地方可以让我集中精神，那我会感觉很安心的。

◎ 提前出门或进行线上英语口语课

大家一定要尝试养成早晨的行为模式习惯。**我尤其建议早晨提前 1 小时出门。**

你肯定会觉得上班路上的风景很新鲜。这 1 小时，你可以用来做自己喜欢的事情，比如去公司附近的咖啡馆，学习英语或准备资格证考试等。

除此之外，你也可以在早晨进行线上英语口语课。

线上英语口语课是一项性价比很高的英语学习服务，大家可以轻松通过网站或者手机应用参加英语为母语的外国人开设的英语课程。

网上的课程内容非常充实，学费也相对较低，每天上大约 30 分钟的课就可以。

比如，你可以预约每天早晨 6 点开始的英语口语课，上 30 分钟。这样不仅可以帮助你起床，还能让早上的时间过得充实又有效率。

早晨上线上英语口语课还有一个好处，就是通过不同语言和文化之间的交流，让新的一天焕发新的活力。

当我们感受到自己和某个团体之间的联系时，心态会变得积极向上。因此，我每次去咖啡馆，都会有意地和店员打招呼，或者稍微聊会儿天。

只要这样，身体就会瞬间打开开关，变得活力满满。

最后，我想再说一下如何决定起床时间。不同的决定方法会让干劲的程度天差地别。

假设你是按照“早起 1 小时”来决定的，那肯定很难提起干劲。但如果你是按照“提早 1 小时出门”来决定的，又会怎么样呢？实际上，这两者要做的事情是一样的，但**从明确的目的性这一点来看，后者更能让人产生起床的动力**。因此，决定起床时间时，一定要同时思考一下起床的目的。

关于平日早晨的行为模式，我在前文已经给出了几个提示。希望你可以找到适合自己的行为模式，形成良好的早起节奏。

助推器④

睡前制订明天的目标

充满期待地起床

起床靠的不应该是毅力，而是想起床的意愿。制订目标就是一种有助于滋生这种意愿的、比较有效的方法。你可以制订一个“明天想试试”的目标。因为越是对明天抱有期待，心情就越积极向上，起床也就越容易。

制订的目标应该是自己内心深处想尝试的事情或觉得自己可以做到的事情，不能是外部环境逼迫你做的事情。

成就感会和自我效能感一起提升

制订目标也是有讲究的。目标不同，完成度也会不同。总而言之，一定要制订能够提升自我效能感的目标。

自我效能感是指对自己的期待感，觉得自己可以做到的感觉。在完成任务的过程中，自我效能感发挥着重要的作用。自我效能感提升后，人就会自发地努力，享受完成目标的过程，也更容易取得成就。

制订早起目标时，请选择自己可以做到，并且想尝试的目标。这有助于提升自我效能感，从而提高完成率。

接下来，再具体介绍一下自我效能感。美国北卡罗来纳大学的教育心理学家戴尔·舒克（Dale Schunk）教授提出，提升并维持自我效能感需要以下 4 个条件。

- 要自己制订目标。
- 要有反馈。
- 要管理进度。
- 要相信可以通过自己的努力完成目标。

满足这 4 个条件后，人就会感觉自己可以控制自己的行为。早起时，也可以利用这个心理机制，制订自己可以完成的目标，然后一个一个地施行。比如，**“乘坐 7 点的地铁，去咖啡馆看书”“预约英语口语学校的体验课程”“做完习题集第 5 单元到第 10 单元的内容”“为了迎接夏天的到来，每天推 30 次健腹轮”**。无论你选择什么目标，它必须是你真心想做的事情，这是最重要的。

实现目标的每一步都会提升你的自我效能感，让你变得更加自信，最终成功早起。

助推器⑤

尝试新事物

◎ 早晨是自由时间，可以尝试任何事情

尝试新事物时，内心总会感觉非常期待与兴奋。这种心理效应也可以应用到早起上。

你有没有一直想做却还没有做的事情呢？比如，增肌、慢跑、看书、学习英语或准备资格证考试等。

这里的关键是选择发自内心想做的事情，而不是必须要做的事情。

现在有很多健身房是 24 小时营业的，也有很多网站从早晨开始就有线上英语口语课。所以只要你想，随时都可以开始。

早晨的时间非常自由，不会受任何人打扰，特别适合学习或了解新事物。

上学时，我就规定自己买了新的参考书后，必须在早晨看。因为我觉得新的参考书可以帮助我成长，所以总是十分

期待学习里面的内容。

前一天晚上就会大致地决定第二天早晨要学习的范围。

快速地翻阅参考书，制订大致的学习计划，从第几页到第几页，什么时候学习……然后将学习计划写在正方形的便签纸上，贴在参考书的封面上。

准备到这里，心中的期待感就会非常充足，迫不及待地想快点开始。第二天早晨闹钟响起的瞬间，就能立即起床。

早起的时候不能勉强自己，要充分利用尝试新事物时的兴奋感，这样你就能心情愉悦地起床了。

助推器⑥

睡前拉伸

放松身心，让身体变轻松

前面介绍的都是让我们想早起的“助推器”。

而接下来要介绍的则是帮我们缓解、调节情绪，以便迎接第二天早起的“助推器”。

这个“助推器”就是睡前拉伸。

我每天晚上都会拉伸身体。**拉伸有助于放松身心，让人自然而然地想睡觉。要想打造早起的节奏，优质的睡眠是必不可少的。从这层意义上来讲，晚上睡觉的时候其实就已经在为早起做准备了。**

我的身体原本就比较僵硬，而且从初中开始，就有腰椎间盘突出的问题，因此腰部很容易疲劳。后来，我开始利用睡前的一段时间来修复身体。只需要5分钟左右，拉伸身体，让身体放松下来即可。拉伸的动作非常简单，不需要费太多的力气。

我一般会在洗完澡后拉伸，而不是睡前。一旦养成习惯，就很容易坚持下去。

长时间伏案工作的人，肩部和腰部都特别容易疲劳。建议大家试着用晚上的时间来修复身体。睡眠质量提高后，第二天就会感觉身体很轻盈，起床的时候一下子就起来了。

但是，如果锻炼的时间太久，就会给身体造成负担，这反而会影响睡眠质量。因此，拉伸的时候，一定要控制时间且适度。

第4章

最大程度激发大脑潜能

精神高度集中——高效早晨利用法

1 早晨的大脑处于最佳状态

任何难题都能迎刃而解

早晨大脑的活跃度最高，能以最少的能量产出最多的内容。这个时间段内，精神更容易高度集中，建议需要动用脑力的任务，都在此时处理。

备考大学时，我会在早晨做需要集中注意力的题目，比如现代文、古文的阅读理解以及英语的长难句问题等。备考剑桥大学时也是如此，我会在早晨写需要缜密思维和良好逻辑力的英语小论文，或者做难度较大的习题集。当你想学习或工作的内容需要集中注意力时，一定要好好利用早晨的大脑。

灵活使用大脑

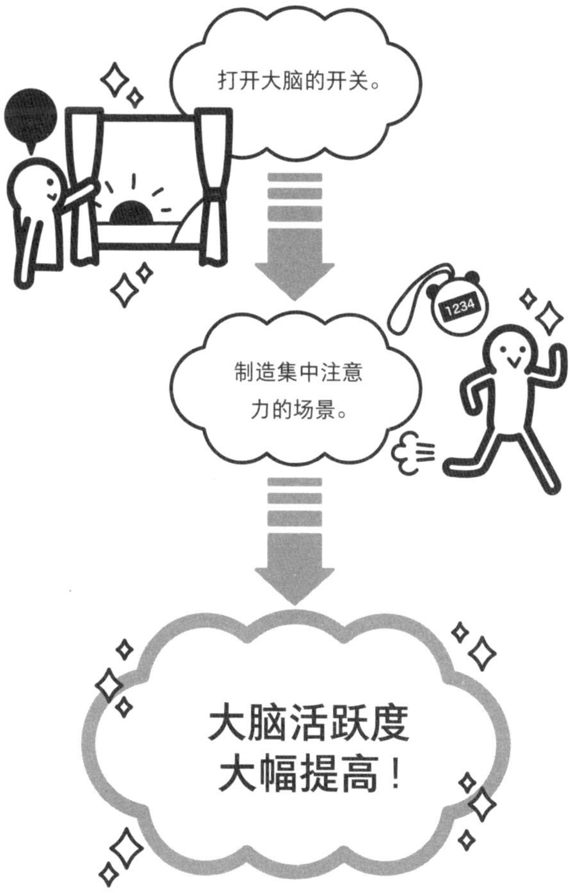

2 充分利用早晨的大脑

开展需要集中注意力的学习或工作

大脑工作效率最高的时间段是起床后的 2 ～ 3 小时。大脑的活动在早上达到顶峰，并从中午开始逐渐下降。因此，在大脑运转最快的早晨，最好处理需要脑力或负荷比较重的任务。

工作或学习的内容可分为思考类和操作类两种。思考类的任务需要完整的时间和专注力，制订计划时，将思考类任务安排在早晨，这样效率最高。

- **需要完整的时间和专注力的工作或学习。**
- **不擅长，但想再尝试一次的事情。**

这些任务如果放在早晨处理，大概率可以快速完成。

事实上，《一流成功人士早餐前都做什么》(*What the Most Successful People Do Before Breakfast*)的作者劳拉·万德坎姆(Laura Vanderkam)女士通过研究发现，**早晨是思考力最强的时间。**

即便遇到稍微有难度的问题，早晨的思考力也足以应付，一般不会轻易放弃。

但是到了晚上，思考力会逐渐降低。这时遇到难题往往就会放弃，因此一定要有效利用早晨的时间。**我能吸收在剑桥大学所学的知识，也完全仰赖于早晨大脑活跃的时间。**

◎ 充分利用早晨，为我的人生开辟了新的道路

我从没想过，进入剑桥大学的研究生院后，等待我的竟是那么痛苦的日子。我经历过很多次挫折，每一次都会认真地思考，是不是该放弃学位。

现在回顾那段日子，可以毫不夸张地说，我能从剑桥大学毕业，完全是因为早起学习的习惯发挥了作用，让我每天都能很兴奋地投入学习。

◎ 被高难度的课题压垮的日子……

研究生的课程每周只有 3 节，每节课两三个小时。乍一看，似乎有充足的业余时间。

但是，在第一天的入学说明会上，老师突然给了我 130 多页的英文文献，让我在下周内读完，并且提交课题。文献的内容晦涩难懂，甚至无法流畅地读下来。一时间，我慌得不知如何是好。

在某种程度上，我在入学前已经做好了心理准备。但课业的难度之高，还是超出了我的预想。我总是忧心忡忡。

后来，一个英国同学跟我说，其实他们也看不懂，每次都要费九牛二虎之力才能完成课题。确实，即便能看懂每个词语的意思，也未必能理解其内容。更何况是难度非常高的专业书。如果没有一定的背景知识，很难一下子就理解其中的内容。

但是，发牢骚也无济于事。因为要想取得硕士学位，就必须写论文。

总共要写两篇英语论文，包括最后的毕业论文。毕业论文还要求写满 150 页 A4 纸。英国的研究生院通常只有 1 年，每周除了要完成高难度的课题外，还要写论文。

◎ 为了跟上课程，我想出来的方法是……

那我有没有跟上研究生院的课程呢？答案是完全没有。

最初的几周，我处于一片混乱之中，完全不知道老师在说些什么。这对我来讲是一个巨大的打击，我甚至一度认真地思考，是不是该放弃硕士学位回日本去。

但是，我不想轻言放弃。**于是，我想出了用录音笔将所有课程都录下来的方法。**选择这个课程的学生中，以英语为母语的学生占了 80%。既然在语言上处于劣势，那就只能通过努力来弥补了。

◎ 将课程内容录下来，反复地听

每天回到住处后，我会先将录下来的音频讲义导入电脑，当天先听一遍，然后按照自己的方式重新整理一遍讲义内容。周末的时候，再反复听比较难的部分，就像听有声读物一样。听到最后，我都觉得自己能将里面的内容背出来了。

这个方法用了一段时间后，我渐渐地能听懂英语了，上课也能积极地参与进去了。当你听不懂课的时候，你就不会发言。如果不发言，老师和同学就会觉得你缺乏参与课程的积极性，从而不断地把你甩在后面。每一天，我都像是在拼尽全力比赛一样。

◎ 早晨做这些是最有效的

研究生的生活极其简单。要做的事情只有 5 件，即阅读课题文献、每周写一篇课题报告、复习上课内容、写论文和打工。

早上，我集中精力主要做的是“读”和“写”，一个输入，一个输出。

在一天中大脑最活跃的时候，学习高难度的内容。下午到晚上则是复习上课内容或浏览文献，尽可能不要给大脑增添太多负担。了解了早上和晚上的大脑特性后，灵活地加以区分使用，这样得到的结果会很不一样。

◎利用早晨的时间学习后，英语成绩突飞猛进

接下来，我将介绍我培训学校的学生——大学生B君的经历。

B君不擅长英语，却在大二的时候确立了留学的目标。

一开始的时候，他每天晚上9点左右开始学习留学相关的内容，一直学到深夜。但据他说，他那时很难集中注意力，效率也非常低下。

针对这种情况，我给他提的建议是利用早晨的时间。

我跟他说，早晨大脑非常清醒，思考力也很强，而且诱惑少，非常适合用来学习。我还对他讲了我的经验。我也是在转变为早起生活后，学习效率得到了大幅的提高。

听了我的建议后，B君马上开始在早晨学习。**最终，他的英语学习取得了不错的成效。现在，英语已经成为他的强项之一。他也轻松通过了留学所需要的英语考试。**

前文我们提到，学习内容可以分成“思考类”和“操作类”。

“思考类”包括阅读参考书或专业书，输入里面的知识；写英语作文或小论文；做阅读理解；等等。学习这类内容需要完整的时间。

“操作类”是指背单词、回答一问一答式的简短问题等，这些可以利用碎片时间来做。

实际上，B 君早晨的学习计划是这样的。

早晨 6 点多开始，学习阅读、写作等需要专注力和思考力的内容。而英语单词因为可以利用碎片时间来背诵，所以他一般会在坐地铁时或其他空余的时间背诵。

就像这样，通过合理地规划早晨的时间，B 君的成绩取得了巨大的进步。

我会根据一天中大脑的活跃度变化安排工作。

当大脑不活跃时，再多的努力也是无用功。因为这时努力，只会加重疲劳、增加压力。安排工作的时候如果考虑了大脑的特性，就会取得事半功倍的效果。

3 清晨启动大脑的方法

让交感神经占据主导地位

虽然大脑的活跃度早上最高，但刚起床的时候，大脑还没完全清醒，处于比较迷糊的状态。这是因为此时占主导地位的是副交感神经。你可以采取适当的方法，切换到交感神经占主导地位的模式。接下来将介绍 3 个快速有效的方法。

① 沐浴阳光

我早晨起来后做的第一件事，就是拉开所有房间的窗帘，让阳光照射进来，沐浴阳光。如果遇到下雨天，就打开窗户，让新鲜空气进来。

清晨的阳光和新鲜的空气不仅可以让大脑清醒过来，还可以促进血清素的分泌，到了晚上，还能保障优质的睡眠。

因此，早晨起床后，一定要拉开窗帘，打开窗户。

②洗澡

沐浴过阳光后，最好再冲个澡。这也是我坚持多年的晨间习惯之一。洗完澡后，交感神经会顺利地取代副交感神经，人会感到神清气爽。

但是，洗澡的目的归根结底不过是让大脑清醒过来。如果洗澡时间长，且水温高，人体就会进入放松模式，因此请务必注意。**建议水温在 38℃～40℃，然后快速冲洗一遍。**

③闻香味或喝喜欢的饮品

前文已经说过，我每天起床后会喝自己最喜欢的红茶。因为红茶、咖啡的香味比较浓郁，会通过鼻腔刺激大脑，所以这类饮品很容易使大脑清醒过来。

对你而言，清晨能启动大脑的东西是什么呢？请一定要找到能令你兴奋和期待的东西。

4 让注意力高度集中的5个窍门

摆脱无法集中注意力的状态

“早上是大脑最活跃的时候。但有时候注意力会在中途突然断开，变得很懒散。该怎么做才能摆脱这种状态呢?”——很多人都有这样的烦恼。

虽然早上的大脑是最清醒的，但如果身处的环境会妨碍注意力，那么原本集中的注意力就会被分散。针对这种情况，下面我就来具体介绍5个窍门，帮助你高度集中注意力。

窍门①

设定时限

分割时间，有助于集中注意力

我从备考大学时起就喜欢用秒表和沙漏。因为高度的时间意识能有效提高注意力。现在，我只要把秒表放在手边，大脑的开关就会自动打开。

需要长时间集中注意力时，最好尽可能将时间切割成小段，避免注意力中途被打断。

全程马拉松的距离是 42.195 千米。跑全马时，不能想着一口气跑完这么长的距离。而是应该规划好时间，将全程分割成几个区间，然后思考每个区间的用时。

比如，A 区间要在 5 分钟以内跑完，B 区间要在 7 分钟以内跑完。就像这样，将全程分割成几个区间，并为每个区间设定目标时间后，你就能集中注意力，以最快的速度跑完所有区间了。

这种感觉就像是多次短跑一样，先设定几个小的截止时间，注意力就会提高。

做习题时，也可以利用这种方法。先定好解题时间，比如这个问题要在10分钟以内解出来，那就按下秒表或计时器，开始做。这样，注意力就会大幅提高，学习的效率也会提高。

窍门②

每天早晨确认当天的日程安排

◎ 增强时间的意识

我一般会在前一天的晚上确认第二天的日程安排，整理待办事项清单。因为这样做不仅可以模拟出第二天的流程，还能明确早起的理由。

第二天早晨，可以再确认一遍，进行微调。反复调整有助于增强时间的意识，让你觉得 1 分钟都不可以浪费。

◎ 明确要做之事后，英语突飞猛进的 B 君

大二学生 B 君的生活习惯很不规律，一直都是晚睡晚起。

这样的他因为一个契机，萌生了想出国留学的想法。但是，他改不了不规律的生活习惯，英语成绩也迟迟没有提高。焦虑之下，他找到了我。

在这种情况下，他必须先改变生活习惯，创造有利于学习的环境，才可能提高英语成绩。因此，我建议他利用早晨

的时间来学习英语。

但是英语学习也分很多方面。为了找到他不擅长以及需要重点学习的方面，一开始，我先对他的英语学习进行了分解。

B 君参加的英语雅思考试需要考查听力、阅读、写作和口语等 4 个方面的能力，每一项都必须取得较好的成绩，不能有短板。除此之外，还必须学习大量单词和语法来打基础。

如果他的认知只停留在“要学习英语”这个宽泛的范围上，那么他就无法确立明确的目标。因此，我们将英语学习分解成多个方面，并逐个分析，最终确定了具体的小目标。

确立目标后，我立刻复印了竖式周计划手账给 B 君，指导 B 君将每个方面的学习均衡地加至一周的学习计划中。**制订学习计划时，应尽量将要学的内容细化成最小的单位，然后均衡地安排。**

6 个月后的考试如果考不到目标分数，B 君就不得不放弃留学。他表示明确学习计划后，能够切实地感受到时间有多么紧张。

每天早晨，他都会先确认一遍学习计划以及整体的学习进度。然后利用早晨的时间，全身心地投入英语学习。渐渐地，B 君克服了不擅长的方面，自信心也随之日益增强。他说，他相信自己可以一步步地实现曾经遥不可及的留学梦。

总之，确定要做的事情之后，请以周为单位，再制订每天的日程计划。每天早晨再稍作调整，向大脑传达“现在为什么必须做这个”的指令。这样一来，你就能将注意力集中到眼前的事情上了。

窍门③

规定出门的时间

◎截止效应和环境的变化，有助于集中注意力

随着弹性工作制的出现，现在很多人可以灵活地选择下班时间。自由职业者的数量也在不断增加。

据预测，2027 年，美国的自由职业者将达到 8650 万人，超过在企业工作的 8340 万人[1]。而在日本，选择弹性工作制的人应该也会越来越多。

人们将摆脱固定的工作时间，更加自由地支配自己的时间。

今后，人们将不再被上班时间所束缚，可以按照最适合自己的生活节奏，决定出门的时间。也就是说，由自己决定上班时间。

我曾经通过决定出门时间，成功提高了早晨学习的效率。

在剑桥大学上学的时候，我每天都要面对大量的课题和

1　数据来源：美国私人调研机构 Upwork 和自由职业者联盟（Freelancers Union）联合发布的报告《美国自由职业者 2017》（*Freelancing in America 2017*）。

论文。每时每刻都在和自己战斗。

早晨起床后，我不和任何人交流，直接坐在书桌前学习。但一直闷在自己的房间里伏案学习，会让人感觉疲惫，无法集中注意力。可是松松散散地学习又没有效果。

后来，我决定每天 8 点 30 分出门，去剑桥大学的图书馆继续学习。

这时，再规定一个结束时间，就能有效督促自己在这段时间内必须学到规定的地方。在这种截止效应的作用下，人一般更容易高度集中注意力。

每当有社会人士来向我咨询时，我都会建议提前一两个小时出门，然后在离公司最近的车站附近找一家咖啡馆，在那里学习或看书。

除了截止效应之外，换个环境也能让人不依靠意志力就集中注意力。其效果，你只要体验一次就明白了。

窍门④

改变环境

◎ 咖啡馆是提高注意力的理想场所

家里充斥着分散注意力的东西。早晨是更容易高度集中注意力的时间，为了不在这段时间内手忙脚乱地浪费能量，最好在睡前整理好房间或书桌。除此之外，随身携带的物品也要在睡前整理好，这是最基本的，千万要重视。

整理时，除了必需品之外，最好不要有别的东西。然后找一个不需要动用意志力的环境，而不是靠意志力去战胜诱惑。

咖啡馆就是最合适的地方。将随身携带的物品放在桌子上即可。此时，你身边没有熟悉的、会吸引你注意力的诱惑物。

另外，咖啡馆嘈杂的环境，反而比安静的地方更能让人集中注意力。因为如果环境太过安静，人可能会犯困，有些人还会被很小的声响影响注意力。

◎ 和同样有奋斗目标的人待在一起

很多去图书馆的人都和我一样，在埋头翻阅文献或写论文。置身于这种环境中，自然而然就能集中注意力，处理手边的事务。去图书馆最大的目的就是利用环境的影响。

那里没有电视机，不用担心会分心。而且看到别人学习的样子，自己也会产生必须好好努力的想法。

提升自我效能感的一个方法是“代理强化”。即看到别人实现了自己想做的事情后，就会觉得自己或许也可以实现。去图书馆就是一种代理强化。

当然，我也有提不起劲儿的时候。这时候，我不会去想论文或课题，而是抱着散心的心态去图书馆。

到了图书馆后，身处的环境自然而然影响着我，让我集中注意力投入学习。

千万不要强行提高注意力。实在难以集中注意力时，可以换一个环境试试看。试着和同样有奋斗目标的人待在一起。

每当我想尝试一件新事物时，都会去寻找同道之人聚集的场所。比起老年人悠闲锻炼的健身房，我会选择同龄人努力锻炼的健身房。之前想写书时，我还参加过一群志向高远想写书的人聚集的学习会。

看到周围的人都在努力，自己也会滋生努力一把的想法。建议生活在大城市里的人积极参加早晨的活动，当然也可以通过社交软件与拥有相同目标的人建立联系，共同进步。

置身于这种环境中，即便不依靠毅力和注意力，你也可以改变自己。希望你可以多花一点精力挑选自己身处的环境。

窍门⑤

在晚上给自己“充电”

◎ 张弛有度，才能提高早晨的效率

小 N 想在晚上学习英语。但是，她的下班时间总是不固定，导致学习计划的进展不尽如人意，内心感到非常苦恼。于是，她决定利用早晨的时间来学习。

小 N 每天早晨 5 点 30 分起床，吃过早饭后，做好上班的准备。然后从 6 点开始，花 1 小时学习英语。**工作了一整天，晚上身心俱疲，大脑也不运转，整个人的“电量”都快被耗尽，因此她决定晚上要好好休息，为自己“充电”。为了利用早晨的时间，她改变了自己的生活方式，并因此提高了工作效率。**

就像这样，一旦决定只在早晨做某件事情后，就会产生必须要在那个时间段内完成的意识。有了限制，就会觉得必须现在做，这样注意力和执行力都会有所提高。

我为很多人提供过英语学习方面的建议。其中大部分取得巨大进步的人，都非常重视早晨的学习时间。他们都说，

比起容易松懈的周末，工作日的早晨更能集中注意力，因此学习效率也更高。

用晚上的时间放松并让自己充分地休息，利用早晨的时间来做其他事情。像这样对时间进行“分配管理”后，就会产生一种良性的状态，让你的办事效率变高。

5 早晨看书的好处

让白天的工作有新的发现

早晨是最适合输入知识的时间段。因此，我特别推荐在早晨看书。

早晨看书有很多好处，其中尤属“鸡尾酒会效应”最令人期待。

哪怕你置身于很多人同时讲话或非常嘈杂的环境中，也会自然而然地捕捉到自己的名字和自己感兴趣的话题。我们会有选择性地获取一些必要的信息。这在心理学上被称为“鸡尾酒会效应”。

假设你在读了有关待客之道的书后，便立即开始接待客户，这时，书中的内容会很容易投射到现实中来。你会觉得眼前发生的事情就是刚才读的那本书中的内容，或产生“这种情况，只要按照那本书中介绍的方法来做就可以了”等诸如此类的想法。就像这样，早晨看书，会让我们在接下来一整天的工作中有各种各样的新发现。

另外，我强烈建议坐地铁上下班的人养成在地铁上读书的习惯。

坐地铁就相当于一个“助推器”。按下这个“助推器”，就能进入读书的模式。

在手机上读电子书容易被网络新闻或社交软件上的信息等影响，我建议随身携带一本纸质书。有些时候，你可能没有心情读书。这时，建议大家从自己在意的地方或自己感兴趣的地方开始读，降低心理上的阅读难度。这样，就能读进去了。

6 快速提高英语水平的 3 个方法

如何提高英语水平

早晨的时间适合用来完成需要集中注意力的学习或工作。

下面就来介绍一些能提高英语水平的方法。我经常建议我的学生这么做，尤其是英语初学者，一定要试试以下 3 个方法。

- **报名线上英语口语课。**
- **跟读。**
- **制作英语摘抄本。**

方法①

报名线上英语口语课

◎ 除了提高英语水平外，还有其他好处

小 A 经常加班，因此她虽然每天都会制订学习计划，但晚上几乎都无法按计划进行。于是，我建议她干脆早点睡觉，第二天早晨起来再学习。

为了培养早起的习惯，我建议她报名线上英语口语课，预约早上 6 点 30 分的课。

上线上英语口语课的好处，除了可以提升英语水平之外，还有很多。

其中之一就是通过和别人的约定，提高早起的动力。像这种巧妙地借助外力来早起也是一个很聪明的做法。另外，在心理学上，舒适的交流对话也可以产生积极正面的效果。也就是说，**将线上英语口语课安排在早晨，有助于一整天都保持积极向上的心态。**

◎ 早晨先上 30 分钟课

如果你非常想提高英语口语水平，那就请连续上 90 天线上英语口语课吧！

90 天后，你就会发现自己能很流利地说英语了。

尽管如此，也不要太执着于进步，否则压力太大会感觉窒息。在这 90 天内，你只管认真学习就可以了。

90 天后再回过头来看，你肯定能感觉到自己的学习和生活都发生了巨大变化。

一般线上英语口语课一节课是 30 分钟左右，一开始尝试早起的时候，只要能有效利用这 30 分钟就可以了。90 天后，你不仅不会再害怕开口说英语，还会养成早起的习惯。届时，你将成为一个生活习惯良好且充满自信的人。

◎ 及时复习，英语能力可以提升 10 倍

时间充裕的人，上完线上英语口语课后，一定要及时复习。

生活中总会遇到无法用英语表达的场景。复习课上学习

的表达方式，可以提升你的表达能力。

坚持很重要。哪怕只复习 10 分钟，也要坚持下去。

采用这种方法复习，不仅进步快，还能提高动力

以我的经验来讲，及时复习的人的进步速度比不复习的人要快 10 倍左右。而且，上完课后立即复习的人进步最快。而只上课，从不复习的人进步最慢。

复习的方法很简单。如果课上遇到想说又不会表达的情况，下课后就查一下，然后将查到的表达方式运用到第二天的口语课上。

想知道的表达方式可以在网上轻松查到，一定要学会善用网络。

如果以前表达不出来的事情，现在可以表达出来了，而且还能顺利地和对方更进一步地交流，那应该会非常开心吧！**当你体会到所学的知识是有用的，学习的动力就会飞速提升，对之后的学习也会产生积极的影响。**

我查到想说却不会说的单词或句子后，会将其整理在表

格中。表格很简单，只要在日语的旁边写上对应的英语即可。等凑满一张 A4 纸之后就打印出来，放在包中或口袋里。这样，外出的时候就可以利用碎片时间复习，非常方便。

请先开始上线上英语口语课。不要去想行不行得通、会不会有效果，只管开始上课。一旦开始就已经成功了一半，坚持下去肯定能发现不一样的世界。

方法②

跟读

通过跟读激活大脑

准备英语考试的人，一般会在早晨进行阅读或写作练习。但是，**有时候会感觉早晨大脑不在状态。此时，建议你进行跟读。**

跟读是指像影子一样，滞后 0.5 秒左右，跟在听到的声音后面读的练习。这种练习能非常有效地加深你对声音的理解，将“输入”英语发音转变为“输出”英语发音。

只听不读，声音就会成为背景音。但如果将听到的内容再复述一遍，就会刺激短期记忆，激活大脑。跟读 5 分钟，就能激活大脑，此时再进行阅读或写作等其他学习，大脑会更加快速地工作。

跟读练习还能提高听力和口语能力

通过跟读，你不仅可以习得英语的发音、节奏和音调，还可以提高听力和口语能力。

跟读练习的方法和跟着原唱学歌的过程是一样的。

一开始是听着原声，对着歌词念叨。反复练习后，渐渐地就能哼出声了。最后，再跟着节奏或音调起伏，完整地将歌唱出来。跟读就是模仿这个过程。

英语不好的人可以用托业考试第 2 部分的短文来进行跟读练习。等熟练到一定程度后，再换成第 3 部分或第 4 部分稍微长一点的文章。如果想挑战语速更快的，也可以使用英语新闻网站 VOA（美国之音）或 BBC（英国广播公司）的视频。

◎ 总是忍不住会思考句子是什么意思，该怎么办

跟读的目的是掌握英语的发音。建议选用意思简单的文章，不要一开始就接触难度较高的文章。

但是，之前一直主攻阅读和语法的人，可能会不自觉地去思考句子的意思。

这样一来，跟读的目的，即“习得英语的发音、节奏和音调”就无法达到了。一定要把注意力放到声音上。

如果你就是控制不住地去思考句子的意思，那就分成两个阶段来进行吧。先通读了解文章的意思，等听懂之后，再把注意力放在声音上。这样，就能做到专注声音了。

就像这样，在反复听同一个句子的过程中，你会渐渐领会英语的发音。领会到发音之后，英语学习就会变得很有趣，发音也会更加标准。这时，你便可以更准确地用英语进行表达了。

方法③

制作英语摘抄本

优质的表达方式让你的表达能力更上一层楼

想在商务场合使用更高级的英语表达，有留学的计划，或是想提高英语综合能力的人，我建议你们制作英语摘抄本。

摘抄本上写得越多，积累就越多，英语的阅读能力和表达能力也就越强。因为效果实在太突出，《日经女性》等杂志都介绍过这个方法。

这是我进入剑桥大学研究生院之前就在做的事情。现在推荐给那些某种程度上会说英语，但想在英语表达方式上有所突破的人，希望你们能通过这个方法进一步提升英语水平。

不只是英语，学习任何一种语言，接触并模仿优质的文章和表达方式都是最有效的方法之一。要想有优质的输出，就必须先有优质的输入。

◎ 养成定时泛读的习惯

可以先阅读英语新闻网站上自己比较关注的文章，或是自己感兴趣的新闻。新闻中含有大量时事词汇，记住后可以直接用于日常沟通，非常方便。

阅读的时候，首先要掌握文章的整体意思。**这时重要的不是逐句翻译，而是把握整篇文章想传达的内容。**

有些人在长期的英语学习过程中养成了边读边翻译的习惯，这类人可以给自己限时 1 分钟，先快速地浏览文章。

边读边翻译的习惯一旦根深蒂固，处理信息的速度就会变慢，听力也难以取得进步。

听对话或文章时，需要连续处理不断涌入的信息。因此也要趁早改掉回读的习惯，这样才有助于提高听力水平。

◎ 有助于丰富表达方式的检索窍门

通读一遍，理解了文章的大意后，就可以检索自己比较关注的表达方式了。比如，在英语新闻报道中，看到了下面这句话。

Analysts said a short period of falling prices would do nothing to damage economy of the city.

（分析师表示，短期的价格下跌不会对城市经济造成损害。）

请注意这句话中的“would do nothing to”。如果你想学习这个表达方式，以便今后使用，那就将其写到摘抄本上。

然后用浏览器检索“would do nothing to”。检索时，**注意要用双引号将这个短语括起来。**这样，检索的结果才会只显示含有“would do nothing to”的文章。否则，就会检索出很多和这个短语无关的内容。因此，检索时一定要加双引号。

检索出来的例句如下所示：

It would do nothing to eliminate the poverty.

（这对消除贫困毫无帮助。）

The policy would do nothing to curb emissions growth.

（该政策对遏制排放量增长毫无作用。）

要想丰富表达方式，就将检索出来的句子写到摘抄本上。之后，自己再用“would do nothing to”造几个句子。

通过这种方式阅读优质的文章时，你可以学到各种各样的表达方式，并将其消化吸收，成为自己也能熟练使用的表达方式。长此以往，你的表达能力就会不断提升。在这个过程中，你也会感受到日益进步的喜悦。

用英语造句时，如果不确定，你可以使用英语在线词典查询，尽量不要用电子词典。因为英语在线词典不仅有实时更新的丰富例句，还便于快速地检索。

7 制订早晨的“胜利模式”

用运动激活大脑，好处多多

早晨轻度运动 20 ～ 30 分钟会带来很多好处。

我一般 5 点 30 分起床，7 点做一些有氧运动，通常会散步 30 分钟左右。

在剑桥的时候，早晨的健身房中有很多人，这一点让我特别惊讶。当地的健身房大多是 24 小时营业，早晨 4 点 30 分左右开始就会很热闹。想必当地人早已知道在早晨运动益处多多。

轻度运动，尤其是有氧运动的好处有很多。最主要的一个好处就是有助于激活大脑。有氧运动可以促进血液循环，给大脑提供充足的氧气，从而提高专注力。

我比较推荐的是“绿色运动”，也就是在绿化或生态比较好的地方散步。照射到阳光后，人体会分泌血清素，缓解由压力造成的焦虑，稳定心神。

虽然我觉得绿色运动是最佳的选择，但如果你身边不具备这样的环境，也可以尝试在室内做体操、拉伸或瑜伽等。

运动可以让大脑和精神都神清气爽，为新的一天开一个好头。

明确自己的“胜利模式”

如果早晨起床后，大脑迟迟没有启动，那我建议你先去室外简单运动一下。因为轻度的运动可以让交感神经占主导地位，进而激活大脑。

剑桥大学的图书馆早上 9 点开门。我每天都会在这个时间前出门。骑 20 分钟左右的自行车即可到达。骑自行车也是一种有氧运动，有助于激活大脑。

骑行过程中，新鲜的空气不断地涌入大脑，让我能够在进入图书馆后以非常清醒的状态，阅读高难度的论文或专心写论文。

另外，我有一个学生，每天早晨都会做广播体操，这已经成为她激活自己的“助推器”。

早晨 6 点起床后，她会先洗澡、换衣服。因为明确了在广播体操开始前必须换完衣服，因此她的动作非常快。

做完广播体操后，她会集中注意力学习 1 小时，为资格证考试做准备。这就是她早晨的行动模式，可以说这是一个有助于提高注意力的“胜利模式”。

决定好早晨要做的事情，并制订属于自己的“胜利模式”后，大脑和身体就会自动开启并进入状态，不会轻易被当天的情绪左右。

8 没有干劲时该怎么办

在开始之前，内心摇摆不定

“早起之后没有干劲，该怎么办呢?”可以说这是开始利用早晨时间学习的人必会遇到的问题之一。

这时候，千万不要责怪自己，觉得“明明必须这么做，却做不到”或“因为意志力薄弱，所以才做不到”。

这是所有人都可能遇到的问题，而且在开始之前，心里产生动摇是人之常情。

我每周会去两次健身房，但在去健身房之前，往往是内心最容易动摇的时刻。有时候会充满干劲，有时候会萌生

“今天可以不去吧”的想法。

等到去了健身房后，干劲自然而然就有了。因为这时你会想：来都来了，那就动起来吧。

◎ 换个环境，或做些简单的任务

没有干劲的时候，不要逼迫自己动起来，建议换个能激发你干劲的环境，或者降低计划难度，做一些能立马完成的任务。这样，干劲自然就有了。

在剑桥的时候，就算写不出论文，我也会去图书馆。早上 9 点，图书馆一开门我就进去坐着。这时如果还是没有干劲，我就会试着做一些与论文相关的其他事情。比如，放下笔，重读之前写的东西。看着看着，就会觉得“来都来了，就稍微写一写吧”。

每个人都有早晨没有干劲的时候。和骑自行车一样，起步阶段需要的力气往往是最大的。能立马进入状态自然是最好的，但总有事与愿违的时候。只要掌握了应对这种情况的办法，后面就会很顺利。

◎使用得当，玩社交软件也可以激发干劲

早起之后，如果内心有两个小人在打架，一个小人觉得今天也要努力啊，另一个小人觉得今天没什么干劲，那就先做一些简单的事情吧。

为了让自己兴奋起来，试着查看一下和自己拥有相同目标的人都在做些什么。

在社交软件上，你可以很容易地找到目标相同或志趣相投的人。**其中，输入“早起”的话题标签，就可以找到很多有早起习惯的人的账号或照片。**

想读书就输入“书”“阅读”进行检索，想学习就输入“学习”“自我提升”进行检索，想减肥就输入“减肥”“瘦身”进行检索……你会找到很多和自己目标相同的人。

前文提到过“强化理论”，即看到别人努力的样子，自己也会不自觉地想努力。但是，如果一直沉迷于社交软件，就有点本末倒置了。可以制订适合自己的规则，比如限制玩社交软件的时间等，巧妙地提高动力。

第 5 章

生活规律，状态饱满

成为高效能人士的生活习惯

1 学会控制自己的身体和情绪

情绪的调节往往被忽视

本章将介绍几个方法，帮助你在早起的生活节奏下提升日常的表现。请注意身体和情绪两个方面。

我想每个人应该都知道调养身体的重要性吧，但调节情绪的重要性却经常被忽视。情绪不稳定，也会影响日常表现。因此，要想提升日常表现，平日里必须注意调节情绪，保证身心的健康。

本章将介绍 8 个有益的生活习惯以及提升日常表现的方法。

锻炼身体和调节情绪

Check

养成适度运动、
调节情绪的习惯。

2 进行有氧运动

适度的运动是维持健康的秘诀

第 4 章已经介绍过早晨运动的好处了。运动是健康管理不可或缺的一环。建议大家在日常生活中开展轻度的有氧运动，比如慢跑等。但是，如果每天在运动上花的时间太多，反而会成为负担。归根结底，运动要适度。平时只要挤出一点时间来做有氧运动即可。

大家都知道运动的重要性，但更重要的是要知道该做什么运动，要做到什么程度才能保持健康。

一项研究结果表明，有益于维持健康的运动量取决于自己。只要自己觉得每天的运动量足以维持健康的生活就可以了。

下面来介绍斯坦福大学2017年的一项研究。奥克塔维亚·扎特（Octavia Zahrt）博士和艾莉雅·克拉姆（Alia Crum）助教以60000多名成年人为研究对象，开展了一项调查。他们先询问了被调查者一个问题："你觉得自己在运动方面是否比同龄人积极呢?"之后又进行了长期的追踪观察。结果发现回答"没有比同龄人积极"的人高达71%，而且这类人比回答"比同龄人积极"的人寿命更短。

也就是说，认为"自己在运动，所以很健康"的人，比认为"自己不常运动"的人要长寿。

心理学上有一个很有名的概念，叫作"安慰剂效应"。即医生给病人服用没有药效的药物，同时声称这种药物对病情很有用。结果，病人的病情竟然真的会缓解，甚至治愈。这个实验结果也证明了心态的重要性。

运动还有利于加深记忆

运动带来的好处不仅是长寿。慢跑、散步、骑行等负荷相对较小的有氧运动还有助于激发脑力。

我经常听到有人说“太忙了，没有时间运动”。但是与其鞭策效率低下的大脑，还不如做些有氧运动，改善大脑的工作效率。这样，工作或学习才会更加顺利。

有氧运动有助于激活大脑，加深记忆。比起一直坐在桌子前，稍加运动更能加深记忆。

拉德堡德大学的一项实验已经证实了这一点。该实验先让参加实验的人用40分钟记住90幅画。之后将他们分成3组，一组立即骑35分钟自行车，一组4小时后骑自行车，一组什么运动都不做。第二天，再对每一组实验对象进行测试，看他们分别记住了多少幅画。通过磁共振观察后，发现4小时后运动的那一组实验对象记忆力要强于其他两组。

大脑进行记忆时，需要人体分泌多巴胺和去甲肾上腺素。而运动可以促进这两种元素的分泌。有趣的是，学完后马上运动的人，记忆并不会加深。反而**4小时后做有氧运动的人**

能更好地记住学过的内容。如果学完后等 4 小时再运动有点困难，那就隔一会儿再运动吧。这种习惯可以促进大脑进行梳理，提高学习效率。

工作或学习忙碌的人，可以在乘坐地铁或公交车回家时，提前一站下车走回去。尤其是想整理思绪时，一定要多走走。因为有氧运动能帮助大脑重新启动，整理思绪。

3 力量训练是最强的心理训练

力量训练有助于打造坚强的内心

有氧运动最好搭配力量训练一起进行。**力量训练可以说是一种挑战自己极限的训练**，对提升自我效能感有非常好的效果。

即便已经有些许费劲了，也要再推一把，给身体增加负担，让肌肉产生疼痛感。此时，损伤的肌肉会再恢复，并变得更加强韧。

力量训练能帮助你突破自己的极限，从而提高动力，变得想继续加强力量训练。

要想练就强大的内心，最快的方法是先打造强壮的身体。虽然这么说有点夸张的成分，但我自从开始力量训练后，精神状态稳定了不少，即便有些许烦恼，也不会再为之心神不宁了。我想这是因为力量训练让我的心理承受能力也随之提高了吧。

◎ 在健身房里同龄人较多时去健身

我每周都会去两次健身房，这已经成为我的习惯。但是，我每次只会在健身房待 30 分钟。因为设定一个截止时间更有利于集中注意力。

力量训练可以在家进行，但我这方面的意志力比较薄弱，所以需要借助环境的力量。

在健身房看到别人努力锻炼的样子，我也会不自觉地想更加努力。我一般会在健身房里同龄人较多时去健身。这样，我每次的锻炼成果都能有所长进。

有一点需要注意，睡前做力量训练会激活交感神经，影响睡眠质量，尽量避免在睡前训练。至少要保证睡前 3 小时不训练。

◎ 对食物进行选择的意识也会增强

养成运动的习惯后，对食物进行选择的意识也会增强。

比如，“既然做了力量训练，就不要吃油腻的食物或富含碳水化合物的主食了，多吃点富含蛋白质的食物吧！”“今天的有氧运动好不容易消耗了 400 卡热量，就不要吃泡芙了。”

运动后会产生这样的想法，能有效避免饮食习惯紊乱。

没有运动时，你可能会犹豫要不要买泡芙。但运动后，你就能轻松找到不吃的理由，比如“辛辛苦苦运动了一番，吃了就白运动了”。**运动可以减少意志力的消耗，能对精神层面产生积极的效果。**

另外，做完力量训练后，一定要记录下来。什么时候做的运动，做了什么运动，做了几组，将这些记录下来，有助于你制订更加具体的目标，比如“下次将杠铃增加 5 千克试试看”。这样一来，你就会更加享受健身的过程了。

2017 年，加拿大麦克马斯特大学的运动学博士安娜·科瓦切维奇（Ana Kovacevic）通过研究发现，力量训练有助于提高睡眠质量，力量训练同样有助于早起。如果你感兴趣，就马上开始吧！

4 提升自我效能感的记录法

体重管理可以增强自控感

良好的表现离不开良好的身体管理。其中，最重要的就是体重管理。我现在的体重非常稳定，一直保持在理想的数值。但以前我的体重起伏特别剧烈，最重的时候有 86 千克，最轻的时候只有 59 千克。体重较重的时候，我拖延症很严重，常常想放弃，感觉自己完全处于失控的状态。

体重的增加会削弱自我效能感。剑桥大学的一个团队在心理学杂志上发表了一篇文章，里面提到显示肥胖度的**身体质量指数（BMI）越高，记忆力就越差。**通常，吃饱后脂肪细胞会分泌瘦素，向大脑传达“已经饱了”的指令，从而抑制食欲。但是，当肥胖度较高时，被称为“饱腹感激素”的瘦素就会分泌不足，导致不管怎么吃，都没有饱腹感，进而造成过食。**其实，瘦素还被认为是“学习激素”，与记忆力紧密相关。因此，当瘦素的分泌出现紊乱时，记忆力也会随之下降。**

要想避免这种情况的发生，方法很简单，只要每天早晨在相同的时间称体重即可。当你发现体重一直保持在某个数值上时，就会觉得自己可以控制住自己，自我效能感大大提升。

我每天早晨会在洗澡前称体重，并记录下来。如果发现体重有所增长，就会立即采取措施，比如稍微增加一些运动量，或注意饮食等。每天只要管理、记录体重，就能提升自我效能感，请一定要试着将每天早晨的体重记录下来。记录和早起是相辅相成的，坚持下去，往往会收获双倍的效果。

5 通过午睡恢复精力

稍微打个盹儿就可以恢复精力

我很重视午睡的时间，每天都会把午睡列入日程计划。因为午睡可以让消耗掉的脑力、专注力和精力恢复过来。

用过午餐后，大家都会犯困吧。这时候，就算强撑着想集中精神，也很难战胜困意。

在我还是学生的时候，就曾多次上课犯困，即便拼尽了全力也没能战胜困意，最终在不知不觉中睡着。下午一犯困，就容易犯错，工作效率下降，最终还可能导致自我效能感下降。

现在经常能听到“功率小睡（Power Nap）”这个词。简单来讲，就是小睡 15 ～ 20 分钟。密歇根大学进行的认知心理学研究表明，功率小睡可以帮助我们恢复意志力。

另一项研究发现，午睡后的专注力水平和早晨一样。其效果会在午睡后持续 2 ～ 3 小时。不仅如此，短期记忆也会变好，有助于提升自我效能感。

◎ 多亏了午睡，思考类的学习才得以顺利进行

考上伦敦大学学院的小 S，只在工作日的早晨和周末学习有关留学的内容。

平日的白天小 S 要工作。她说她周末的早晨也会在相同的时间起床学习，但到了下午，效率就会非常低下，实在不知道该怎么度过这段大脑停滞的时间。

于是，我就建议她每天午睡。早晨 6 点起床，12 点左右吃午饭，下午 1 点开始午睡 20 分钟。

据说，她自从开始午睡后，下午的大脑也非常清醒，精神高度集中，因此思考类的学习进展顺利，每天都能完成当天的学习计划。

但是，需要注意的是，如果午睡时间超过30分钟，人体就会进入深度睡眠。功率小睡的关键在于时间较短。时间短，醒过来后大脑才会清醒。

一天中的状态也会有起伏。根据状态的起伏，灵活地安排休息时间，就可以一整天都有良好的表现了。

6 周末也要保持相同的节奏

周末补觉会扰乱生物钟

很多人都会在周末补觉，试图以此缓解睡眠不足引起的疲劳。但是，周末补觉很可能会扰乱生物钟，让你在周一早晨起床的时候感觉更加痛苦。

其实，消除睡眠不足最好的方法是调整平日的生活节奏。

如果难以做到，周末可以晚起 1 小时，但只限于 1 小时。或者也可以安排时间稍长的午睡。根据我的经验，只是这种程度的调整，周一早晨起床时就不会感觉太痛苦。

生物钟会为了配合生活节奏的变动而自行进行调整。如果变动太过频繁，生物钟就会应付不过来，最终给身体增加负担。

在培养早起习惯的过程中，将生物钟调整为早起模式非常重要。因此，周末也要尽可能保持相同的节奏。

7 保持情绪稳定的“自我欺骗法”

学会天衣无缝地“欺骗”自己

每个人都会有感觉好的日子，也会有感觉糟心的日子。

感觉糟心时，为了释放积累已久的压力，人们往往会做出一些出格的举动，比如暴饮暴食、疯狂购物……但是这些举动，大多会伤害身体或产生不必要的消费，甚至会伤害自尊心，最终形成恶性循环。

该怎么做才能转换心情，避免陷入负能量的旋涡呢？

心理训练界认为，行为是可以改变情绪的。

从某种意义上来讲，情绪稳定的人都擅长"欺骗"自己。当你没有干劲时，遇到讨厌的事情时，或者因为紧张而焦虑时，**对着镜子里的自己笑一笑，或摆出一副泰然自若的表情，可以从意识上改变自己的心情。**

美国物理学家列纳德·蒙洛迪诺（Leonard Mlodinow）在其著作《潜意识：控制你行为的秘密》（*Subliminal: How Your Unconscious Mind Rules Your Behavior*）一书中，将这种现象称为"情绪错觉"。当想改变某种情绪时，可以试着从改变行为入手，会取得比较好的效果。

试着笑脸迎人

英语口试前，所有人都会感到紧张。考官问的问题有可能是自己擅长的领域，但也可能是自己没准备过的问题。不管准备得多么充分，都会感到紧张。

这种时候，我建议大家通过笑容来缓解紧张。站在镜子前，对着镜子里的自己笑一笑，确实也有一定的效果。但更好的是发自内心的笑容。

你可以找找有什么事情是自己能够马上做到的，比如热情地给身边的人提供帮助。

如果你在大街上，也可以看看有没有迷路或者在车站很迷茫的外国人。如果有，就主动上前提供帮助。

和欧美国家相比，日本的地铁和公交线路划分得更加细致。游客如果不熟悉，就会比较困惑。这时，你主动伸出援手，对方肯定会非常开心。

看着别人因为自己露出笑容，自己也会不由得笑出来。这时，紧张的情绪也就消失了。

我们可以通过改变行为来控制自己的情绪。工作不顺利的时候，或有烦恼的时候，想一想做哪些事情可以让自己发自内心地笑一笑。如果你能够自如地控制自己的情绪，生活节奏就不容易被打乱。

8 在手账上写下和自己的约定

增加属于自己的时间

马上检查一下你的手账，看看你为自己安排了多少可自由支配的时间。

本书的主题是早起，但早起的最终目的是通过合理地控制时间，做自己想做的事情，尽情地享受人生。

要想每天都过得很充实，必须改变时间的分配方法。我们的行程安排一般包括别人决定的行程和自己决定的行程两部分。分配时间时，应尽量减少前者的比例，增加后者的比例。

粗略一算，我们能够自由支配的时间，1 年只有约 2920 小时。具体算法如下。1 年总共约有 8760 小时。假设 1 天睡 8 小时，那么可活动的时间就剩下 5840 小时。学生和社会人士还必须上学或上班，这个时间约占一半，因此，剩下可自由支配的时间就只有大概 2920 小时了。

从这个计算结果来看，一年内我们能用在自己身上的时间，最多只占整体的三分之一。换个角度看，也就是说，在我们的一生中，能自由地做自己想做的事的时间只有三分之一。

如果每天睡 8 小时，那么剩下的 16 小时是用在哪里呢？这些时间的主导权掌握在谁的手里呢？如果你除去睡觉后的时间，有一半时间是被别人支配，那么你就无法掌握人生的主导权。

先算一算自己无法控制的时间和自己能自由支配的时间分别有多少，通过削减睡眠时间来增加自由支配的时间就有点本末倒置了。可以通过减少加班等方法来减少自己无法控制的时间，至少要保证自己无法控制的时间不再增加。

◎坚定地守护属于自己的时间

在大公司工作的小 F，听了我的建议后，整理了自己最近一周的行程安排。结果令她大跌眼镜。因为她发现自己可支配的时间比预想中少很多。

她想去欧洲的大学攻读工商管理硕士。但要想达成这个目标，就必须减少加班。

为了尽可能多地挤出自己的时间，减少时间的浪费，她还制订了明确的规定，比如只参加不能拒绝的聚会，并且不能晚于 11 点回家等。

早起就不用说了，这是她的最优先事项。下班回家后，她还会继续学习。**她说，通过确认一周的行程安排，然后强行将自己的时间从中扣除，她真实地感受到了，原来时间是可以创造出来的。**因为在平日里确保了充足的学习时间，小 F 最后成功获得了欧洲名牌大学的工商管理硕士学位。

人们一般会把工作或和别人的约定写进手账。其实，把和自己的约定写进去也相当重要。

请回顾一周的行程安排，然后思考一下该如何增加自己可以自由支配的时间。

等到有足够的时间来履行和自己的约定时，一定要守约，不能轻易放弃。这是增加属于自己的时间的最佳方法。

9 每天花 5 分钟回顾当天

通过回顾，可以有很多发现

你会花时间回顾过去的一天吗？

我在剑桥大学学习的时候，老师不厌其烦地跟我们强调回顾的重要性。也就是说，上课的内容和读过的文献，一定要及时回顾，不可以听过或看过就算了。

现在想来，备考大学以及备考剑桥时，我经常写日记。

在心理学的课程上，我学到了记录不仅有助于管理进度，还是提升自我效能感的方法之一。

如今这个年代，事情总是一件连着一件。如果没有回顾的习惯，日子就会过得浑浑噩噩。要想每天都有良好的表现，每天都过得无比充实，就需要花点时间回顾自己做过的事情，每天 5 分钟即可。

我开办的英语培训学校也会极力建议学生做记录。为了出国留学，小 O 在上大学的时候非常努力地学习英语。但是有一段时间，她的成绩一直停滞不前，导致她几乎失去自信。随着考试的临近，这种糟糕的状况更是给她带来了巨大的精神压力，令她情绪十分低落。

于是，我建议她重读之前的学习日记。小 O 原本就有写学习日记的习惯，所以她将过去的记录全都回顾了一遍。

人的成长不会是一条笔直的大路，总会经历各种曲折。

小 O 在重读学习日记的过程中，发现自己曾经在各个阶段都遭受过挫折。但每次自己都能通过脚踏实地的努力突破困境，实现成长。通过回顾过去的记录，她的内心受到了鼓舞，觉得自己总有一天也能摆脱现在的痛苦。

后来，小 O 的成绩突飞猛进，实现了出国留学的梦想。如今，她在一家国际机构工作，却依旧雷打不动地每天都写日记。我也再次感受到了，记录这个简单的行为竟然能够发挥这么大的作用。

人的记忆是模糊的，但记录不会撒谎。

只要将一天中发生的事情、感受到的事情转化为文字，你就可以客观地审视自己了。

我是从考大学那个时候开始写日记的。方法很简单，只要按照“DCAP”来写就可以了。

写日记的时候，从回顾今天发生的事情开始，按照以下顺序来写。

（Do）做了什么？发生了什么事？

（Check）做得怎么样？

（Action）该怎么改进？

（Plan）下一步做什么？

只要按照这个流程写，就能轻松地回顾一天发生的事情，并总结出自己的看法。

写日记可以帮助你尽可能准确地把握理想和现实之间的差距。只要养成每晚回顾当天的习惯，你就能及时发现这种差距，也会对自己今后应该为之努力的方向更加明晰。

请花一点时间回顾当天发生的事情，并将其记录下来吧。这样你就可以客观地审视自己了。在这个过程中，你的大脑和内心会厘清很多事情，心情也会随之变得豁然开朗。

人生有高峰，也有低谷。记录可以帮你保持情绪稳定。

后记

改变早晨的作息，这一天就会随之发生改变。对现状感到焦虑的人，只要改变起床的时间，就会看到不一样的风景。

本书为想提高、想进步以及想摆脱困境的人，毫无保留地介绍了养成早起习惯的方法。

对大家而言，早起不过是一个开始。“只有同时拥有知识和经验之后，事情才有可能成功。”这是著名实业家、京瓷集团的创始人稻盛和夫先生说过的话。和骑自行车一样，仅凭大脑理解是不行的。

先从自己可以做到的事情开始，然后再不断地调整，最后养成独属于自己的早起习惯。

在这个过程中，最重要的是享受早晨的时间，而不是强迫自己起床。

你也可以先思考一下——为了度过快乐的早晨，你能做些什么？一旦养成早起的习惯，一整天都会过得无比充实。你将会在学习、工作和生活中变得游刃有余，不再手忙脚乱。当你的内心变得充裕，就会去不断挑战生活中的新事物。

全新的一小步，将是巨变的第一步。

希望各位读者在读了本书之后，可以开启早起的生活方式，并且每天都过得比以前快乐。

另外，读完本书后，欢迎大家带上“惊人的早起术”“塚本亮”等话题，在社交平台上发表感想。我非常期待你们的投稿与反馈。真心地希望越来越多的人养成早起的习惯，并享受早晨的时光。

感谢你阅读到最后，谢谢！

塚本亮

快读·慢活®

从出生到少女，到女人，再到成为妈妈，养育下一代，女性在每一个重要时期都需要知识、勇气与独立思考的能力。

“快读·慢活”致力于陪伴女性终身成长，帮助新一代中国女性成长为更好的自己。从生活到职场，从美容护肤、运动健康到育儿、家庭教育、婚姻等各个维度，为中国女性提供全方位的知识支持，让生活更有趣，让育儿更轻松，让家庭生活更美好。